AF138962

Helmut F. Kaplan

TIERETHIK

10 Gründe für einen anderen
Umgang mit Tieren

Helmut F. Kaplan

Tierethik

10 Gründe für einen anderen
Umgang mit Tieren

ISBN 978–3–7357–7952–6

Herstellung und Verlag: BoD - Books on Demand, Norderstedt

Umschlaggestaltung: Kevin T. Fischer, Werkgemeinschaft Buchbande

Satz und Layout: Kevin T. Fischer, Werkgemeinschaft Buchbande

Bildnachweis Umschlag: © Kevin T. Fischer

© pomah – Fotolia.com

Bibliografische Information der Deutschen Nationalbibliothek:

Die Deutsche Nationalbibliothek verzeichnet diese Publikation in der Deutschen Nationalbiografie; detaillierte bibliographische Daten sind im Internet über http://dnb.dd-nb.de abrufbar

Inhalt

Vorwort zur zweiten Auflage

Der Vegetarismus sei nun endlich mitten in der Gesellschaft angekommen – so war es in den letzten Jahren vielerorts zu lesen. Später Ähnliches über Veganismus, Tierrechte und Tierethik. Wer sich die Vegetarismus-Debatte allerdings näher ansieht, wird die Diagnose, daß sich im Hinblick auf Tiere nun alles rasant zum Besseren entwickle, mit Skepsis betrachten: Das Ergebnis der Vegetarismus-Debatte war nämlich nicht *kein* Fleisch, sondern *weniger* Fleisch (Stichworte: „bio", „öko", „Sonntagsbraten"). Und auch das nur theoretisch, denn erstens wird nach wie vor gleich viel Fleisch gegessen und zweitens ist dieses Fleisch nach wie vor alles andere als „bio". Aufmerksame Beobachter ahnen, wie eine allfällige größere Tierethik-Debatte ausgehen könnte: mit dem Breittreten diverser (vermeintlicher) „Hintertüren", die „beweisen", daß es mit dem bisherigen Umgang mit Tieren grundsätzlich „schon seine Richtigkeit habe".

An dieser Stelle sei auf ein ebenso erstaunliches wie vielsagendes Phänomen verwiesen: Wenn wir unseren Umgang mit (bestimmten) *Menschen* „ethisch unter die Lupe nehmen", steht außer Frage, daß es darum geht, diese künftig *besser* oder *gerechter* zu behandeln. Wenn wir aber unseren Umgang mit *Tieren* „ethisch unter die Lupe nehmen", ist häufig mit Händen zu greifen, daß es vor allem darum geht, diese (grundsätzlich) *gleich* wie bisher behandeln zu können.

Womit wir wieder bei den „Hintertüren" wären. Je komplexer ethische Theorien sind, desto ergiebiger ist auch die „Hintertürensuche". (Weshalb es für die Fleischindustrie eine lohnende Investition wäre, Ethikkongresse zu sponsern!) Im folgenden soll daher der umgekehrte Weg beschritten werden: Nicht (wie in der akademischen Ethik üblich und auch notwendig!) immer mehr Aspekten und Verästelungen nachzugehen, also immer weiter zu „theoretisieren". Sondern aus der vorhandenen Tierethik einfache, leicht nachvollziehbare Gründe für einen anderen Umgang mit Tieren herauszudestillieren. Wer in dieser „Fixierung aufs Einfache" eine Voreingenommenheit zugunsten der Tiere vermutet, sei daran erinnert, daß unsere moralischen Regeln für den Umgang mit *Menschen* immer von solch einfacher Natur sind.

Salzburg, im Mai 2014

Helmut F. Kaplan

Vorwort zur ersten Auflage

Fast alle bisherigen Bücher zur Tierethik sind entweder tendenziell esoterisch / spirituell / religiös oder aber andererseits ausgesprochen akademisch-wissenschaftlich. Beides verhindert den notwendigen und wünschenswerten gesellschaftspolitischen Brückenschlag zu brisanten Themen wie Tierversuche, artgerechte Tierhaltung, Welthunger, Umweltzerstörung oder Klimawandel. Während bei Tierversuchen und Tierhaltung wenigstens der prinzipielle Bezug zur Tierethik offenkundig ist, ist dies bei den Themen Welthunger, Umweltzerstörung und Klimawandel keineswegs der Fall. Dennoch ist der Bezug zur Tierethik auch hier gegeben: Fleischkonsum, also Tiertötung, zählt zu den wichtigsten Ursachen für Welthunger, Umweltzerstörung und Klimawandel!

Dieses Buch macht auch einige der wichtigsten Begriffe und Konzepte, die seit vielen Jahren von der Tierrechtsphilosophie in den allgemeinen universitären Bereich einsickern (v. a. in Philosophie, Ethik, Biologie, Bioethik und Rechtsphilosophie) und dort intensiv diskutiert werden, für eine breite interessierte Öffentlichkeit verständlich. Zwei Beispiele: der Personbegriff, der in der Tierversuchs-, Euthanasie- und Abtreibungsdebatte eine wichtige Rolle spielt, und die prinzipielle moralische Gleichsetzung von Rassismus, Sexismus und Speziesismus, die die Tierrechtsbewegung in einen historischen und weltanschaulichen Bezug setzt zu Sklavenbefreiung, Bürgerrechtsbewegung und Frauenemanzipation.

Professor Heinrich Ganthaler danke ich für sehr fruchtbare Gespräche über ethische Grund- und Spezialfragen. Carolin Gschwilm für ihre unermüdliche fachliche und persönliche Hilfe und Unterstützung.

Salzburg, im August 2009

Helmut F. Kaplan

Einleitung

„Ich bin Leben, das leben will, inmitten von Leben, das leben will." Zu dieser Erkenntnis gelangte Albert Schweitzer in der Folge eines Offenbarungserlebnisses, das er 1915 am Ogowefluß in Gabun hatte. (Gräßer, 2006, S. 19 ff., Schweitzer, o. J., S. 168 ff.) An diese Worte mußte ich kürzlich an einem viel weniger exotischen Ort denken – im Salzburger „Bräustübl": Eine Biene war in meinen Bierkrug gefallen und fast ertrunken. Ich rettete sie mit einem Blatt, setzte sie auf die sonnenbeschienene Gartenmauer und beobachtete, wie sie sich langsam erholte, sich zu putzen begann und allmählich wieder zu Kräften kam.

Die einfache Erkenntnis „Ich bin Leben, das leben will, inmitten von Leben, das leben will" gilt im Urwald wie im Biergarten. Und wenn wir uns in keiner Konfliktsituation befinden (was die Regel ist), ist dies sogar ein hinreichender Leitsatz für moralisches Handeln. Einfache Regeln reichen meistens aus, um uns zu sagen, was wir tun sollen.

„Tiere sind meine Freunde … und meine Freunde esse ich nicht" (George Bernard Shaw, zit. n. Parham, 1981, S. 55) ist eine andere einfache und einleuchtende Aussage bzw. Regel. Darum soll es in diesem Buch gehen: um praktikable Grundsätze für moralisches Handeln. „Ethik ist praktisch, oder sie ist nicht wirklich ethisch", schreibt Peter Singer (1996b, S. 194).

In den vergangenen drei Jahrzehnten entstand eine umfangreiche Literatur zur Tierethik, also zum moralisch angemessenen Umgang mit Tieren. Unsere moralische Verantwortung gegenüber Tieren ist mittlerweile philosophisch besser begründet als unsere moralische Verantwortung gegenüber Menschen. Das hat einen einfachen Grund: Daß wir moralische Pflichten gegenüber Menschen haben, wird im Grunde von niemandem bestritten und muß daher auch nicht lange begründet werden. Daß wir aber auch moralische Pflichten gegenüber Tieren haben, mußte gegen immense weltanschauliche und psychologische Widerstände erarbeitet und bewiesen werden. Entsprechend umfassend und vielschichtig fielen die Begründungen aus.

Und das hat auch einen erheblichen Nachteil: Komplexe Theorien beeinflussen die tägliche Praxis nur sehr begrenzt. Dieses Theorie-Praxis-Gefälle soll im folgenden wenigstens für einen Teil der Tierethik beseitigt werden: Im Praxis-Teil werden einfache, einleuchtende moralische Konzepte ohne „Theorieballast" dargestellt. In den entsprechenden Theorie-Abschnitten werden dann ergänzende Fakten, Argumente und Quellen quasi nachgereicht (wobei es nicht zu allen Praxis-Abschnitten auch einen Theorie-Abschnitt gibt). Der Praxis-Teil bildet aber ein in sich abgeschlossenes Ganzes und kann auch ohne den Theorie-Teil gelesen werden.

Praxis

1. Wünsche schaffen Pflichten

Was macht etwas zu einem moralisch bedeutsamen Etwas, zu etwas, das wir unter moralischen Gesichtspunkten betrachten und behandeln sollten? Das ist eine furchteinflößend fundamentale Frage, vor allem eine Frage mit so weitreichenden Folgen, daß man sich scheut, sie zu beantworten. Besser gesagt: scheuen *sollte*, sie zu beantworten. Denn das Problem ist gerade, daß diese Frage allzuhäufig allzuschnell und allzuleichtfertig beantwortet wird.

Immerhin: Eine erste sinnvolle und ziemlich sichere Klärung in bezug auf diese Frage erscheint durchaus möglich – indem wir uns quasi von den Rändern her an diese Frage annähern: Steine, Elektrogeräte, Autos und dergleichen verdienen keine moralische Berücksichtigung, gesunde erwachsene Menschen verdienen die größtmögliche moralische Berücksichtigung.

Das ist freilich nur eine erste Annäherung. Offen bleibt beispielsweise, wie es sich mit besonders kranken oder besonders alten oder besonders jungen Menschen verhält – die wir, etwa im medizinischen Bereich und hier insbesondere im Konfliktfall, oft anders behandeln als gesunde Erwachsene. Und offen bleibt ebenfalls, wie es sich mit Tieren verhält – die objektiv, je nach Art, recht unterschiedliche Eigenschaften haben und bei denen wir auch bei gleichen objektiven Eigenschaften die moralisch merkwürdige Unterscheidung zwischen Haus- und Nutztieren treffen.

Als nächste Orientierung kann uns, denke ich, folgende Feststellung von Norm Phelps (2007, S. XVIII) dienen:

Die große Trennlinie verläuft nicht zwischen menschlich und nicht-menschlich, sondern zwischen empfindungsfähig und nicht-empfindungsfähig. Warum? Weil es, wie Peter Singer (1994, S. 351) erfrischend plausibel argumentiert, sehr wohl sinnvoll ist zu fragen, was eine Beutelratte fühlt, wenn sie ertrinkt, aber keinen vergleichbaren Sinn ergibt zu fragen, was ein Baum fühlt, wenn er abstirbt. Empfindungsfähige Wesen haben Bedürfnisse und Wünsche; zumindest und zuerst den Wunsch, unangenehme Erlebnisse zu vermeiden und angenehme Erlebnisse zu haben. Wo finden wir, fragt Singer, Wert außer in den Interessen empfindungsfähiger Wesen als Wertquelle? Was ist gut oder schlecht für nicht empfindungsfähige Wesen?

In der Tat: Wesen, die eine „Innenseite" haben (Rowlands, 2002, S. 24), d. h. ihr Leben als gut oder schlecht erfahren – und sich natürlich wünschen, ein möglichst gutes Leben zu führen –, unterscheiden sich von allen anderen Dingen im Universum auf moralisch höchst bedeutsame Weise. *Zu* dieser Kategorie zu gehören, ist ungleich wichtiger als alle Abstufungen *innerhalb* dieser Kategorie.

Wesen mit Wünschen sind aber nicht nur die Quelle moralischer Werte, sondern auch die Quelle moralischer Pflichten. William James (zit. n. Frankena, 1972, S. 65) formuliert es so: „Nimm irgendein noch so geringfügiges Verlangen irgendeines noch so schwachen Geschöpfes. Sollte es nicht allein um seiner selbst willen befriedigt werden?" Quasi die Kehrseite dieser moralischen Medaille formuliert James Rachels (2006, S. 170 f.), wenn er fordert, keinem Wesen Schaden zuzufügen. Wenn eine Handlung einem Wesen schaden würde, so sei das ein Grund, sie zu unterlassen.

Wenn es überhaupt moralische Pflichten gibt, dann haben sie in wünschenden Wesen ihre Grundlage, in Wesen also, für die es solche Umstände gibt, die sie erleben wollen, und solche, die sie vermeiden wollen. Wesen mit Wünschen sind die Grundlage der Moral. Und je mehr die Wünsche von Wesen den Wünschen von Menschen ähneln, desto mehr ähneln die Pflichten gegenüber diesen Wesen den Pflichten gegenüber Menschen.

Vor allem aufgrund der evolutionären Kontinuität kann man davon ausgehen, daß tendenziell alle Säugetiere selbstbewußte Lebewesen sind, d. h. solche, denen bewußt ist, daß sie im Laufe der Zeit und an verschiedenen Orten dieselben Individuen sind. Solche Lebewesen erinnern sich an Vergangenes und haben Wünsche in bezug auf die Zukunft. Wenn wir ein solches Wesen töten, durchkreuzen wir seine Wünsche in bezug auf seine Zukunft.

Aber auch nicht selbstbewußte Tiere sind leidensfähig und haben ein immenses Interesse, nicht zu leiden. Unser üblicher Umgang mit Tieren erzeugt aber in aller Regel sehr großes Leiden – sowohl beim Töten als auch während des gesamten Lebens der Tiere.

Mittlerweile ist klar, daß auch Tiere, denen man lange Zeit die Leidensfähigkeit abgesprochen hatte, sehr wohl schmerzempfindlich sind. Das gilt etwa für Fische. Einiges spricht dafür, daß selbst Tiere wie Würmer und Insekten, die wir bei jeder Gelegenheit gedankenlos verletzen und töten, schmerzfähig sind. Wer moralisch verantwortlich handeln will, muß wohl Leidensfähigkeit annehmen, wo Leidensfähigkeit nicht ausgeschlossen werden kann.

2. Niemandem schaden

In den 1970er Jahren wurde von Philosophen das Konzept des moralischen Status („moral standing") eingeführt, um verschiedene (neue) Fragestellungen bzw. Themen, wie etwa Umgang mit Tieren und Umwelt, Euthanasie und Abtreibung methodisch in den Griff zu bekommen. (Rachels, 2006, S. 164; vgl. auch Röcklinsberg, 2001, Tiuschka, 1998) Bei Theorien über den moralischen Status (MS) geht es um die Beantwortung der Frage, wem gegenüber wir direkte moralische Pflichten haben.

Vorbild für das MS-Konzept war der rechtliche Bereich, wo „legal standing" bedeutet, das Recht zu haben, seine Forderungen bei Gericht geltend zu machen. Analog dazu bedeutet MS zu haben, auf moralischer Ebene legitime Ansprüche haben zu können. Mit anderen Worten, MS zu haben, bedeutet, daß seine Interessen gute moralische Gründe darstellen, auf eine bestimmte Weise behandelt zu werden. Folgende MS-Konzepte wurden herausgearbeitet (Rachels, 2006, S. 164–166):

1) Das bloße Mensch-Sein beinhaltet bereits MS. Dieses Konzept hat den Vorteil, niemanden – jedenfalls keinen Menschen – zu diskriminieren und entspricht dem Geist der (amerikanischen) Bürgerrechtsbewegung. Diese hatte ja verkündet, daß die Angehörigen aller Rassen gleiche Rechte hätten – schlicht, weil sie Menschen seien.

2) Ein etwas ausgereifteres Konzept kombiniert MS mit Merkmalen wie Selbstbewußtsein, Autonomie und Rationalität. Aufgrund solcher Merkmale komme Menschen

voller MS zu. Dieser Ansatz hat eine lange Tradition. So verschafft nach Aristoteles die Rationalität dem Menschen einen Sonderplatz unter allen Wesen. Und nach Kant können nur selbstbewußte Wesen direkte Nutznießer von Verpflichtungen sein.

3) Einem anderen Ansatz zufolge fallen MS und Moralfähigkeit zusammen: MS besitzt, wer fähig zu moralischem Urteilen und Handeln ist. Dieses Konzept ist für Anhänger der Vertragstheorie besonders attraktiv, für die moralische Verpflichtungen aus Vereinbarungen zwischen Personen resultieren, von denen angenommen werden kann, daß sie ihre Zusagen auch einhalten.

4) MS-Konzepte, die mit Merkmalen wie Selbstbewußtsein, Autonomie und Moralfähigkeit operieren, sehen sich freilich mit einem prinzipiellen Problem konfrontiert: Sie errichten eine Hürde, die so hoch ist, daß sie problemlos nur von normalen erwachsenen Menschen überwunden werden kann. Andererseits empfinden auch Tiere Schmerzen und es scheint falsch zu sein, sie zu foltern. Deshalb plädieren viele Philosophen für ein bescheideneres MS-Kriterium: MS komme Wesen zu, die leidensfähig sind.

Gemeinsam ist diesen MS-Konzepten nun folgendes (ebenda, S. 166 f.): Die Beantwortung der Frage, wie ein Individuum behandelt werden soll, wird davon abhängig gemacht, ob es sich für einen generellen Status, eben den MS, qualifiziert, der seinerseits vom Besitz bestimmter Merkmale abhängig gemacht wird. Es läuft also immer darauf hinaus, daß eine Beziehung hergestellt wird zwischen der angemessenen Behandlung eines Individuums und bestimmten Fakten in bezug auf dieses Individuum (z. B. ob es selbstbewußt, rational oder leidensfähig ist).

Und genau hier liegt das Problem. Um es zu erkennen, wollen wir zuerst Fälle aus jenem Bereich betrachten, wo unsere Intuitionen am sichersten sind: bei normalen erwachsenen Menschen:

- Adam wird aus dem Chor geworfen, weil er nicht singen kann.
- Betty bekommt Prozac, weil sie depressiv ist.
- Charles wird gratuliert, weil er sich gerade verlobt hat.
- Doris wird befördert, weil sie gute Arbeit geleistet hat.

Nun gilt es zu berücksichtigen, daß Fakten, die eine bestimmte Behandlung rechtfertigen, nicht unbedingt auch eine andere Behandlung rechtfertigen. So wäre es beispielsweise nicht gerechtfertigt, Betty Prozac zu geben, weil sie nicht singen kann. Oder Adam aus dem Chor zu werfen, weil er sich verlobt hat.

Entsprechend verhält es sich mit den Merkmalen, die wir im Zusammenhang mit den diversen MS-Konzepten erwähnt haben, also etwa mit Selbstbewußtsein oder Autonomie: Das sind keine Superqualitäten, die ihrem Besitzer den Anspruch auf jede erdenkliche Bevorzugung verschaffen, sondern auch diese Eigenschaften sind nur bedeutsam für bestimmte Arten der Behandlung. Sehen wir uns das etwas näher an:

Autonomie (ebenda, S. 167 f.): Einem erwachsenen autonomen Menschen, der zu riskantem Verhalten neigt, können wir raten, nicht so riskant zu leben, weil dies im Endeffekt nicht dafürstehe. Aufzwingen dürfen wir ihm unseren Rat freilich nicht – weil er autonom Handelnder ist. Geht es hingegen um die Frage, ob jemand gefoltert werden dürfe, spielt das Merkmal Autonomie keine legitime Rolle. Die Antwort auf die Frage, warum jemand nicht gefoltert werden sollte, lautet nicht: weil er autonom ist, sondern: weil es ihm wehtut!

Selbstbewußtsein (ebenda, S. 168) ermöglicht Dinge wie Selbstvertrauen, Zukunftshoffnung, Zufriedensein mit seinem Leben, Selbstwertgefühl usw. Es macht aber auch anfällig für Gefühle wie peinlich berührt zu sein, Erniedrigung, Schuld, Wertlosigkeit und Hoffnungslosigkeit. Es gibt also viele Arten, wie man selbstbewußte Wesen *nicht* behandeln sollte, die eng mit eben dieser Eigenschaft, Selbstbewußtsein, zusammenhängen.

Leidensfähigkeit (ebenda, S. 169) ist wohl jene Eigenschaft, die am offenkundigsten bedeutsam ist. Daß eine bestimmte Handlung jemandem Schmerz verursachen würde, ist ein vollkommen hinreichender Grund dafür, sie zu unterlassen. Da bedarf es keinerlei zusätzlicher Überlegungen oder Begründungen im Hinblick auf die Würde rationaler Wesen, die Autonomie oder sonst etwas. Freilich können andere Eigenschaften *zusätzliche* Gründe dafür liefern, daß es falsch ist, jemanden zu quälen. Zum Beispiel Autonomie – weil dauernder Schmerz autonomes Handeln beeinträchtigt.

So kommen wir zum Ergebnis (S. 169–171): Es gibt kein einzelnes Merkmal (und auch keine Kombination von Merkmalen), das bestimmte Individuen von allen anderen

Individuen dergestalt trennt oder abhebt, daß diese Individuen eine besonders respektvolle Behandlung verdienen würden. Konkret: Es gibt kein einzelnes Merkmal (und auch keine Kombination von Merkmalen), das bestimmten Individuen MS verleihen würde, während alle anderen Individuen keinen MS verdienten. Vielmehr gibt es eine Vielzahl von Merkmalen und eine Vielzahl von Möglichkeiten, Wesen zu behandeln, wobei bestimmte Merkmale nur bedeutsam in bezug auf bestimmte Behandlungen sind, nicht aber in bezug auf andere.

Besitzt ein Individuum eine bestimmte Eigenschaft (z. B. Leidensfähigkeit), mögen wir die Verpflichtung zu einer bestimmten Behandlung haben (es nicht zu foltern), auch wenn dieses Individuum andere Eigenschaften nicht besitzt (z. B. Autonomie), die eine andere Behandlung als angemessen erscheinen lassen würde (es nicht zu nötigen).

Es gibt also keinen MS an sich, sondern immer nur einen MS in bezug auf eine bestimmte Behandlungsweise: Ein leidensfähiges Wesen hat MS in bezug darauf, nicht gefoltert zu werden. Ein selbstbewußtes Wesen hat MS in bezug darauf, nicht gedemütigt zu werden. Ein autonomes Wesen hat MS in bezug darauf, nicht genötigt zu werden usw.

Die Antwort auf die Frage, welche Wesen nun moralische Berücksichtigung verdienen, lautet also: Moralische Berücksichtigung verdienen alle Wesen, die eines der vielen Merkmale besitzen, die einen guten moralischen Grund dafür liefern, ein Wesen in einer der vielen Weisen zu behandeln oder nicht zu behandeln, in der Wesen behandelt werden können.

Vermutlich würde es nicht nur nicht schaden, sondern im Gegenteil sogar der Schaffung klarerer Verhältnisse dienen, den ganzen MS-Ansatz fallen zu lassen und durch ein einfacheres Konzept zu ersetzen. Wir könnten etwa sagen: Die Tatsache, daß eine bestimmte Behandlung einem Wesen Schmerzen bereiten würde, ist ein Grund, sie nicht vorzunehmen. Die Tatsache, daß eine bestimmte Behandlung ein Wesen demütigen würde, ist ein Grund, sie nicht vorzunehmen. Und so weiter. Die Merkmale Leidensfähigkeit und Selbstbewußtsein fügen sich wie folgt ins Bild: Jemandes Leidensfähigkeit oder Selbstbewußtsein sind Fakten, die erklären, warum er oder sie anfällig bzw. empfänglich ist für das Übel Schmerz oder das Übel Demütigung.

Auf den Punkt gebracht, kann dieses Konzept wie folgt formuliert werden: Wir sollen niemandem Schaden zufügen. Wenn eine Handlung einem Wesen Schaden zufügen würde, so ist das ein Grund, sie zu unterlassen. Die Tatsache, daß jemand leidensfähig, selbstbewußt, autonom usw. ist, hilft schlicht zu erklären, warum er oder sie für bestimmte Formen von Schaden anfällig bzw. empfänglich ist.

3. Autonomie schafft Rechte

Steven M. Wise (2001) weist auf haarsträubende Widersprüche und Inkonsequenzen beim Zugestehen von Grundrechten an Menschen und Tiere hin. Im folgenden sollen seine Ausführungen zusammenfassend dargestellt werden.

Menschenrechte wie körperliche Unversehrtheit und körperliche Freiheit basieren, zumindest im jüdisch-christlichen „Westen", auf der Würde des Menschen, die ihrerseits als Produkt seiner Autonomie angesehen wird. Man könnte diese Rechte auch Würderechte oder fundamentale Immunitäten nennen. (S. 243 f.) Wir wollen sie im folgenden kurz Grundrechte nennen.

Legten wir allerdings hochgestochene philosophische Autonomiekonzepte, wie etwa jenes von Kant, zugrunde, müßten wir fast allen (erwachsenen) Menschen Grundrechte absprechen, von Kindern oder Behinderten ganz zu schweigen. Eine solche „volle Autonomie" erreichen wohl nur Menschen vom Schlage Aristoteles', Kants, Einsteins oder Freuds.

Freilich gibt es auch bescheidenere Autonomiekonzepte, etwa: Autonom ist, wer Präferenzen hat (also Vorlieben, bevorzugte Alternativen) und die Fähigkeit, sich so zu verhalten, daß diese Präferenzen befriedigt werden. Oder: Autonom ist, wer die Fähigkeit hat, mit veränderten Umständen fertigzuwerden. Eine solche „realistische Automomie" ist es, die man bei Menschen tatsächlich vorfindet und die die Gerichte zu schützen versuchen. Während sich die differenziertesten, rationalsten erwachsenen Menschen der „vollen Autonomie" annähern, befinden sich junge menschliche Kinder und die Erwachsenen vieler Säugetierarten vermutlich am unteren Ende der „realistischen Autonomie". (S. 246 f.)

Auf alle Fälle autonom sind Schimpansen und Bonobos. Nehmen wir das Gleichheitsprinzip ernst, das die gleiche Behandlung von Gleichem fordert, müssen wir Schimpansen und Bonobos die Grundrechte auf körperliche Unversehrtheit und körperliche Freiheit zugestehen, wenn wir Menschen mit ähnlicher Automomie diese Rechte zugestehen. (S. 248–252)

Angesichts der komplexen Autonomien von Schimpansen und Bonobos gibt es wohl nur wenige, die ihnen das Recht auf körperliche Unversehrtheit und Freiheit absprechen würden, wenn sie Menschen wären. (S. 253) Manche Menschen, z. B. einige geistig Behinderte, haben sogar eine deutlich geringere Autonomie als Schimpansen und Bonobos oder gar keine Autonomie. Dennoch werden diesen Menschen von Gerichten regelmäßig Grundrechte zugestanden. Gleichzeitig Schimpansen und Bonobos mit *größerer* Autonomie diese Grundrechte zu verwehren, ist absurd. Und irgendwo wird das Mißverhältnis zwischen autonomen Tieren *ohne Grundrechte* und nicht oder kaum autonomen Menschen *mit Grundrechten* völlig unvertretbar. (S. 255)

Wenn die Autonomie von Menschen sehr gering ist, werden ihre Rechte entsprechend reduziert oder eingeschränkt: Sie dürfen z. B. nicht wählen, nicht als Zeugen aussagen oder ihre Bewegungsfreiheit wird zu ihrem eigenen Schutz oder zum Schutz der Allgemeinheit reduziert. Aber niemand käme auf die Idee, diese Menschen deshalb als Sachen zu betrachten oder als Sklaven zu halten oder mit ihnen Experimente zu machen. Gemäß dem Gleichheitsgrundsatz sollten die Rechte, die Tieren zugestanden werden, ebenfalls entsprechend ihrer Autonomie variieren. (S. 256 f.)

Körperliche Unversehrtheit und körperliche Freiheit sind nicht die einzigen Grundrechte, die Schimpansen und Bonobos gewährt werden sollten. Man sollte sich überlegen, ob ihnen etwa das Recht, sich zu vermehren, ihre Kinder zu behalten und in einer angemessenen Umgebung zu leben, zugesprochen werden sollte. Auch sind Schimpansen und Bonobos keineswegs die einzigen Tiere, denen Grundrechte zugesprochen werden sollten. Vielmehr sollte systematisch geprüft werden, welche Rechte welchen Tieren aufgrund und gemäß ihrer Autonomie zugestanden werden sollten. (S. 267 f.)

Ein naheliegender Ausgangspunkt für solche weiteren sorgfältigen Analysen zwecks Feststellung, welchen weiteren Tieren Grundrechte zugesprochen werden sollten, sind jene Tiere, die Menschen, Schimpansen und Bonobos am nächsten verwandt sind, also Orang-Utans, Gorillas und andere Affen. Zahlreiche Tests und Beobachtungen legen aber nahe, daß vielen weiteren Tieren, z. B. Delphinen, Walen, Elefanten, Krähen, Raben und Graupapageien legitimerweise Grundrechte zugestanden werden müßten. (S. 268–270)

4. Pflicht zu helfen

Zur Veranschaulichung eines sehr einleuchtenden ethischen Prinzips bringt Peter Singer (1994) folgendes Beispiel:

Wenn ich auf dem Weg zur Vorlesung in einem Teich ein kleines Kind sehe, das zu ertrinken droht, sollte ich es wohl retten. Das hätte zwar zur Folge, daß meine Kleidung beschmutzt würde und meine Vorlesung abgesagt oder verschoben werden müßte, aber dieser Nachteil fiele angesichts der Rettung des Kindes nicht ins Gewicht.

Ein plausibles Prinzip zur Stützung des Urteils, daß man das Kind retten sollte, ist wohl dieses: Wenn ich etwas Schreckliches verhindern kann, ohne dabei etwas von vergleichbarer moralischer Bedeutung opfern zu müssen, sollte ich es tun. (S. 292)

Dieses Prinzip ist nun aber keineswegs auf Ausnahmefälle wie den obigen beschränkt. Es gilt auch für unseren Alltag, beispielsweise, wenn es darum geht, Menschen, die in absoluter Armut leben, zu helfen. (S. 293) Das Argument für die Verpflichtung zu helfen, sähe dann etwa so aus:

- Erste Voraussetzung: Wenn wir etwas Schlechtes verhindern können, ohne dabei etwas von vergleichbarer moralischer Bedeutsamkeit zu opfern, sollten wir es tun.
- Zweite Voraussetzung: Absolute Armut ist schlecht.
- Dritte Voraussetzung: Es gibt ein bestimmtes Maß von absoluter Armut, das wir verhindern können, ohne dabei etwas von vergleichbarer moralischer Bedeutung zu opfern.

- Schlußfolgerung: Wir sollten dieses bestimmte Maß von absoluter Armut verhindern. (S. 294)

Durch ihre Formulierung entgeht die dritte Voraussetzung dem Einwand, daß alles, was ich tun kann, nur „ein Tropfen auf dem heißen Stein" sei: Wesentlich ist nicht, ob mein persönlicher Beitrag einen nennenswerten Einfluß auf die Weltarmut hat, sondern, ob er einige Fälle von Armut verhindern wird. Wenn wir, ohne etwas von moralisch vergleichbarer Bedeutung zu opfern, auch nur einer Familie helfen können, sich von der absoluten Armut zu erheben, ist die dritte Voraussetzung bestätigt.

Was aufzugeben, wir verpflichtet sind, hängt nun davon ab, wie wir viele Dinge unseres Lebens im Hinblick auf ihre moralische Bedeutsamkeit bewerten: modische Kleider, teure Restaurantbesuche, eine tolle Stereoanlage, schöne Urlaubsreisen usw. Vermutlich kommen wir zum Schluß, daß wenigstens einige dieser Dinge eine deutlich geringere moralische Bedeutung haben als die absolute Armut, die wir mit dem Geld, das sie kosten, verhindern könnten. (S. 294 f.)

Im Hinblick auf unseren Umgang mit Tieren drängt sich das Fleischessen förmlich auf, um ebenfalls unter diesem Gesichtspunkt betrachtet zu werden. Unsere Erwägungen sähen dann etwa wie folgt aus:

- Erste Voraussetzung: Wenn wir etwas Schlechtes verhindern können, ohne dabei etwas von vergleichbarer moralischer Bedeutsamkeit zu opfern, sollten wir es tun.

- Zweite Voraussetzung: Das Leiden, das Tieren bei Aufzucht, Transport und Schlachtung verursacht wird, ist schlecht.
- Dritte Voraussetzung: Es gibt ein bestimmtes Maß tierlichen Leidens, das wir verhindern können, ohne dabei etwas von vergleichbarer moralischer Bedeutung zu opfern.
- Schlußfolgerung: Wir sollten dieses bestimmte Maß tierlichen Leidens verhindern.

In bezug auf die dritte Voraussetzung können wir hier feststellen: Wesentlich ist nicht, ob mein persönlicher Beitrag einen nennenswerten Einfluß auf die Gesamtsumme tierlichen Leidens hat, sondern ob er einige Fälle tierlichen Leidens verhindern wird. Wenn wir, ohne etwas von vergleichbarer moralischer Bedeutung zu opfern, auch nur ein paar Tieren ein leidensvolles Leben ersparen können, ist die dritte Voraussetzung bestätigt.

Nun können wir, wenn wir Vegetarier werden, nicht nur ein paar Tieren ein leidensvolles Leben ersparen, sondern sehr vielen: Ein Fleischesser verzehrt im Laufe seines Lebens 6 Schafe, 8 Kühe, 25 Kaninchen, 33 Schweine, 390 Fische und 720 Hühner! (Verein Aktion Welttierschutztag, 2006, S. 32)

Hinzu kommt: Selbst wenn wir keinerlei aktive Überzeugungsarbeit pro Vegetarismus oder Veganismus leisten, wird man als Vegetarier oder Veganer automatisch immer auf die Gründe für seine abweichende Ernährungsweise angesprochen und gibt damit automatisch wenigstens in einigen Fällen entsprechende positive Impulse.

Wer nun ehrlich zu sich selber und kein krankhafter Genußmensch ist, wird wohl zugestehen müssen, daß seine angenehmen Geschmackserlebnisse beim Fleischessen von geringerer moralischer Bedeutung sind als das schreckliche Leiden, das er durch Umstellung seiner Ernährung verhindern könnte. (Vgl. Kaplan, 1995, S. 144)

5. Möglichst viel Gutes tun

Oscar Wilde sagte bekanntlich in bezug auf seinen Geschmack, dieser sei ganz einfach: Immer das Beste. Entsprechend könnte man sagen: Meine Moral ist ganz einfach: Immer das meiste – soll heißen: Immer so moralisch wie möglich sein, immer so viele gute Taten wie möglich setzen, immer so viel helfen, wie man helfen kann.

Eine solche Moral setzt freilich in noch höherem Maße als jede andere Moral den *Willen*, Gutes zu tun, voraus. Denn *zwingen*, gut zu sein, kann uns keine Moral – was ja auch nicht ihre Aufgabe ist. Andererseits: Viele, wenn nicht die meisten Menschen nehmen für sich sehr wohl in Anspruch, moralisch zu handeln bzw. dies ernsthaft zu versuchen. So gesehen, ist der Leitsatz, in jeder Situation möglichst viel Gutes bewirken zu wollen, keineswegs vollkommen unrealistisch oder übertrieben.

Nun wird solchen einfachen ethischen Ansätzen häufig vorgeworfen, sie seien insofern problematisch, als sie keine Vorrangregeln für Konfliktfälle bereitstellten: Wer darf zuerst ins Rettungsboot? Wer soll zuerst aus dem brennenden Haus gerettet werden? Und so weiter. Dieser Vorwurf betrifft übrigens auch Albert Schweitzers „Ehrfurcht vor dem Leben" und Arthur Schopenhauers Mitleidsethik.

Keine Frage: Es gehört zu den Aufgaben der Ethik, für Konfliktälle plausible und praktikable Regeln zu erarbeiten. Aber vom ethischen Ergebnis bzw. von der psychologischen Wirksamkeit her können solche einfachen, quasi „eindimensionalen" Moralen, die keine ausdrücklichen

Vorrangregeln beinhalten, dennoch äußerst wertvoll sein. Die Tatsache, daß auch die Regel „Immer so viel Gutes wie möglich!" keine ausdrücklichen Vorrangregeln bereitstellt, ist denn auch in Wirklichkeit ein viel kleinerer Nachteil, als man zunächst vielleicht vermuten würde. Denn wer wirklich konsequent danach trachtet, so moralisch wie möglich zu handeln, so viel Gutes wie möglich zu tun, der macht sich automatisch auch echte und ehrliche Gedanken in bezug auf Vorrangigkeiten.

Noch wichtiger ist freilich: Echte moralische Konflikte sind die absolute Ausnahme! In den allermeisten moralisch bedeutsamen Situationen geht es nämlich nicht um eine Entscheidung zwischen zwei moralischen Handlungen dergestalt: Soll ich zuerst A retten oder B retten? Oder: Soll A das Spenderorgan bekommen oder B? In fast allen moralisch bedeutsamen Situationen, in die wir geraten, geht es vielmehr um eine Entscheidung zwischen einer moralischen und einer *egoistischen* Handlung!

Die typische Frage, die allen Menschen ununterbrochen begegnet, lautet nicht: Helfe ich A oder B? Sondern: Helfe ich oder helfe ich nicht? Handle ich moralisch oder handle ich egoistisch? Stehe ich meinem Nächsten bei oder tue ich das nicht? Kümmere ich mich um die Sorgen und Nöte anderer oder gehe ich meinen eigenen Vergnügungen nach? Tröste ich einen Trauernden oder gehe ich ins Kino?

Um solche Fragen bzw. Entscheidungen geht es in aller Regel. Und hier ist die Anwendung der Regel „Immer so viel Gutes wie möglich!" ebenso eindeutig wie wirksam. Wenn viele Menschen sich so verhielten – die Welt wäre augenblicklich ein nicht mehr wiederzuerkennender, unvergleichlich besserer und schönerer Ort!

Und aus eigener Erfahrung möchte ich hinzufügen: Die Beherzigung dieser Regel ist in schweren Zeiten das einzige, was einem wenigstens etwas Trost verschaffen kann. Das habe ich erfahren, als zuerst meine Katze und wenig später mein Vater schwerst erkrankt waren: Nur die Gewißheit, alles mir Mögliche getan zu haben, konnte mir etwas Erleichterung verschaffen.

In Situationen, bei denen es sich bei den Hilfsbedürftigen um Tiere handelt, kommen wir naturgemäß besonders häufig. Aber es kommt kaum vor, daß wir entscheiden müssen, ob wir nun einem Tier oder einem Menschen helfen sollten: Selten liegt beispielsweise neben einer verletzten Taube auch ein verletzes Kind. Und: Die Entscheidung, Tieren zu helfen, indem wir sie nicht aufessen, behindert ebenfalls in keiner Weise irgendein Engagement für leidende Menschen.

6. Tatsachen ernst nehmen

Ein Punkt, der im Zusammenhang mit unserem (schändlichen) Umgang mit Tieren überhaupt nicht überschätzt werden kann, ist unsere mangelnde Berücksichtigung unbestreitbarer Tatsachen. Insbesondere folgende Eigenschaften der Tiere werden vielzuwenig berücksichtigt:

Leidensfähigkeit: Tiere erleben körperliche Schmerzen und seelische Leiden und haben großes Interesse, nicht zu leiden.

Rationalität: Tiere können folgerichtig denken, beispielsweise Ursache-Wirkung-Zusammenhänge erfassen.

Selbstbewußtsein: Tiere erleben sich selbst als im Zeitablauf und an verschiedenen Orten gleichbleibende Individuen, erinnern sich an Vergangenes und haben Wünsche für die Zukunft.

Autonomie: Tiere haben Präferenzen (also Vorlieben, bevorzugte Alternativen) und die Fähigkeit, ihr Verhalten zielgerichtet auf die Befriedigung dieser Präferenzen auszurichten.

Bevor wir die mangelnde Berücksichtigung von Fakten anhand von Kants, Benthams und Darwins Position veranschaulichen, sei noch auf ein anderes, in diesem Zusammenhang besonders wichtiges Phänomen verwiesen: auf die ungeheure Zähigkeit, mit der an einmal etablierten Überzeugungen in bezug auf Tiere festgehalten wird. So erinnert Steven M. Wise (2001) an die fundamentale antike Position, wonach alle Tiere für den Menschen geschaffen worden seien. (S. 4) Obwohl es für diese Auffassung nicht den geringsten Beleg gebe, sei sie dennoch nach wie vor bestimmend dafür, welchen Umgang mit Tieren die heutigen Gesetze erlauben. (S. 9 f.)

Das Recht ist eben äußerst konservativ. Entsprechend schwierig ist es, grundlegende Überzeugungen zu verändern. Vor allem kann es lange dauern, bis solche Überzeugungen sich ändern. Beispiel Sklaverei: Heute verurteilt sie fast jeder. Aber vor 300 Jahren verurteilte sie fast niemand, und vor 3000 Jahren verurteilte sie gar niemand. (S. 68)

Nun zur angekündigten Veranschaulichung der mangelnden Berücksichtigung von Fakten anhand der Positionen von Kant, Bentham und Darwin. Eine Formilierung von Kants kategorischem Imperativ lautet (hier zitiert nach Birnbacher, 2003, S. 141) wie folgt: „Handle so, dass du die Menschheit sowohl in deiner Person als (auch) in der Person eines jedes andern jederzeit zugleich als Zweck, niemals bloß als Mittel brauchst."

Laut Kant (Phelps, 2007, S. 80) sind Menschen rationale, selbstbewußte und autonome Wesen, d. h. sie können abstrakt denken, sie begreifen sich als in der Zeit gleichbleibende Individuen und sie können Entscheidungen für sich treffen und diesen entsprechend handeln. Weil sich Menschen dank dieser drei Charakteristika als individuelle, unabhängige Wesen eigene Ziele setzen und diese selbst verfolgen können, muß ihr Selbstzweckcharakter immer respektiert werden, d. h. sie dürfen nie als bloße Mittel für die Zwecke anderer behandelt werden.

Tieren gestand Kant (ebenda, S. 80 f., Cavalieri, 2002, S. 57, Francione, 2006, S. 111) zwar Leidensfähigkeit und

Bewußtsein zu, nicht aber Rationalität, Selbtbewußtsein und Autonomie. Deshalb taugen sie nach ihm lediglich als Mittel zur Erfüllung der Zwecke anderer, genauer: als Mittel zur Erfüllung der Zwecke von Menschen.

Gegenüber Tieren haben wir nach Kant daher keine direkten Pflichten, sondern lediglich indirekte Pflichten. So sollen wir beispielsweise nicht grausam zu Tieren sein. Aber nicht um der Tiere willen, sondern um der Menschen willen: weil Grausamkeit gegenüber Tieren auch zu Grausamkeit gegenüber Menschen führt.

Die gesamte kantische Konstruktion mit dem Ergebnis, daß wir gegenüber Tieren keine direkten Pflichten hätten, beruht (Phelps, 2007, S. 81) auf der Voraussetzung, daß Tiere nicht rational, selbstbewußt und autonom seien. Genau dies ist aber falsch: Viele Tiere sind wahrscheinlich und viele Säugetiere sind mit Sicherheit rational, selbstbewußt und autonom. (Siehe ebenda sowie die Hinweise im Theorie-Teil dieses Abschnitts.) Korrigiert man Kants faktischen Fehler, führt sein Ansatz unweigerlich zum Ergebnis, daß wir gegenüber Tieren sehr wohl direkte Pflichten haben.

Selbst Jeremy Bentham, der den Startschuß für Tierrechte gegeben hatte, der allerdings erst fast 200 Jahre später von Peter Singer vernommen werden sollte (Phelps, 2007, S. 79), redete sich das Essen von Tieren mittels Mißachtung der Fakten schön:

„Es gibt einen guten Grund, warum geduldet werden sollte, daß wir jene von ihnen essen, die wir gerne essen möchten; uns geht es besser, und ihnen nicht schlechter. Sie haben nicht wie wir jene lange bestehenden Vorahnungen zukünftigen Leidens. Der Tod, den sie von unserer Hand erleiden, ist im allgemeinen, und wird es wohl immer sein, ein schnellerer und deshalb weniger schmerzvoller Tod als der, der sie im unvermeidbaren Lauf der Natur erwarten würde." (Bentham, 1970, S. 282; Übersetzung übernommen von Singer, 1996a, S. 334)

Abgesehen davon, daß viele Tiere allgemein sehr wohl einen zum Teil recht ausgeprägten Begriff von (ihrer) Zukunft haben, stellen Singer (ebenda, S. 335) und Phelps (2007, S. 78) in bezug auf dieses Bentham-Zitat treffend fest:

Erstens war die Schlachtung zu Benthams Zeit tatsächlich eine *noch* grausamere Angelegenheit, als sie es heute ist. Zweitens hatten die Tiere spätestens im Schlachthof, wenn sie das Blut ihrer Leidensgenossen rochen, sehr wohl eine Vorahnung von dem, was sie erwartete. Und drittens trifft es auch für uns Menschen zu, daß wir oft ein weniger schmerzvolles und langwieriges Sterben durchleiden müßten, wenn uns einfach jemand erschießen würde. Aber das ist dennoch keine Rechtfertigung dafür, uns zu erschießen, insbesondere nicht, solange wir noch gesund sind!

James Rachels (1991, S. 4 f., 92–98) verweist auf folgenden höchst bemerkenswerten Umstand: Auf Darwins Erkenntnisse in bezug auf die Evolution des Lebens haben Philosophen in einem Punkt erstaunlich zurückhaltend reagiert: im Hinblick auf die Konsequenzen für den moralischen Status des Menschen – und, so sollte man hinzufügen: im Hinblick auf den moralischen Status von Tieren.

Denn die moralische Bewertung von Menschen und Tieren erfolgt ja traditionell stets quasi in einem Atemzug – und unter wechselseitigem Bezug.

Bei der Analyse dieser merkwürdigen Zurückhaltung im Hinblick auf die ethischen Folgen der Evolution weist Rachels auf die Beziehungen zwischen unseren Meinungen („beliefs") hin. Diese seien keineswegs immer streng logischer Natur. Vielmehr könne eine Meinung eine andere unterstützen oder plausibel machen, ohne daß die zweite aus der ersten deshalb logisch folgen würde. Nehmen Belege und Anhaltspunkte für unsere Meinung zu, werden wir uns unserer Sache sicherer, nehmen sie ab, werden wir unsicher und neigen schließlich einer anderen Meinung zu.

Meinungsänderungen werden, so Rachels, insbesondere durch *unterminierende Informationen* herbeigeführt. Das sind solche Informationen, die bisherige Stützen bzw. Indizien für eine Meinung untergraben bzw. zweifelhaft erscheinen lassen. Ein Beispiel: Ein Musikliebhaber ist der Meinung, daß ein bestimmter Song von einem bestimmten Komponisten stammt, weil er dies in einer Musikzeitschrift gelesen hat. Nun erfährt er aber, daß diese Zeitschrift von einem Fan gemacht wird, der es mit den Fakten nicht so genau nimmt. Und plötzlich ist er sich über die Urheberschaft des Songs nicht mehr so sicher.

Was ist passiert? Aus der Tatsache, daß in der Zeitschrift stand, daß der Song von dem betreffenden Komponisten stamme, folgte nicht logisch, daß dies auch wirklich so ist. Und aus der Tatsache, daß die Zeitschrift von einem unzuverlässigen Fan gemacht wird, folgt ebensowenig logisch, daß der Song nicht von diesem Komponisten stammt. Es geht hier überhaupt nicht um logische Folgerungen, sondern vielmehr um eine Situation, in der man aufgrund bestimmter Anhaltspunkte bzw. „Stützen" eine bestimmte Meinung hat und diese Meinung aufgrund neuer Informationen, die diese Anhaltspunkte untergraben, aufgibt oder zumindest relativiert. Mit anderen Worten: Eine veränderte Plausibilitätssituation führt zu einer anderen Meinung.

An dieser Situation ändert sich nun grundsätzlich auch nichts, wenn Wertungen ins Spiel kommen. Angenommen, unser Musikliebhaber sitzt in einer Jury und schlägt vor, daß ein bestimmter Komponist für sein Lebenswerk ausgezeichnet werden sollte. Natürlich muß er diesen Vorschlag begründen, sonst könnte man ihm zu Recht Willkür vorwerfen. Also sagt er: Dieser Komponist sollte den Preis erhalten, weil er Klassiker wie die Songs A und B geschrieben hat.

Daß der Komponist diese Klassiker geschrieben hat, ist – wenn zutreffend – eine Tatsache. Daß er ausgezeichnet werden soll, ist bzw. beinhaltet eine Wertung. Angenommen ein anderes Jurymitglied, das mit dem Vorschlag unseres Musikliebhabers überhaupt nicht einverstanden ist, würde sich empört zu Wort melden: „Hier liegt kein logischer Schluß vor, aus Fakten folgen keine Werte!" Der Einwand wäre ebenso zutreffend wie belanglos: Beim Begründen von Wertungen geht es nicht darum, daß die Wertungen logisch aus den Fakten folgen, sondern lediglich darum, daß die Fakten gute Gründe für die Akzeptierung der Wertungen darstellen oder liefern.

Freilich könnte das widersprechende Jurymitglied nun andere Geschütze auffahren, um die Auszeichnung des Komponisten zu hintertreiben. Es könnte etwa sagen, daß die Songs A und B überhaupt nicht gut seien oder daß sie gar nicht von diesem Komponisten stammten. Das wären unterminierende Informationen, die geeignet sein könnten, die wertende Position unseres Musikfreundes zu untergraben, indem sie Stützen für seine Wertung schwächen oder beseitigen.

An dieser Stelle können wir nun zur Evolutionstheorie und ihrer Bedeutung für die moralische Bewertung von Menschen und Tieren zurückkehren. Die traditionelle Moral geht vom besonderen Wert und von der Einzigartigkeit des Menschen aus. Im Vergleich dazu ist, gemäß dieser Position, der moralische Wert aller anderen Wesen praktisch vernachlässigbar. Entsprechend diesem Menschen- und Tierverständnis besteht die Hauptaufgabe der Ethik im Schutz des Menschen. Diese Auffassung wird üblicherweise mit dem Begriff „Menschenwürde" zum Ausdruck gebracht: „Menschenwürde" steht für die himmelhohe Stellung des Menschen gegenüber allen anderen Wesen - und für das entsprechende Verhalten.

Das Konzept „Menschenwürde" beruht, so Rachels, traditionell auf zwei Annahmen: darauf, daß der Mensch nach Gottes Ebenbild erschaffen worden sei und darauf, daß er (besonders) „vernunftbegabt" sei. (Da sich Rachels hier etwas mißverständlich ausdrückt, sei hinzugefügt: Die „Vernunftbegabtheit" des Menschen wird, wenigstens in diesem Zusammenhang, traditionell in dem Sinne verstanden, daß nur der Mensch vernunftbegabt sei.)

Das heißt natürlich nicht, daß die Menschenwürde aus der Gottesebenbildlichkeit und (ausschließlichen) Rationalität des Menschen logisch folgen würde. Vielmehr liefern Gottesebenbildlichkeit und (ausschließliche) Rationalität des Menschen gute Gründe für die Akzeptierung der Idee einer besonderen, einzigartigen Würde des Menschen.

Die Evolutionstheorie untergräbt das traditionelle Menschenwürde-Konzept nun natürlich nicht in der Weise, daß aus ihr logisch folgen würde, daß diese Form von Menschenwürde falsch sei. Aber Darwins Erkenntnisse über die Entstehung von Tieren und Menschen sind sehr wohl geeignet, die Stützen dieses Konzepts von Menschenwürde – die Thesen, daß Menschen nach Gottes Ebenbild erschaffen und alleine rational seien – zu erschüttern und als höchst zweifelhafte Annahmen erscheinen zu lassen. Dadurch verliert automatisch auch das Konzept Menschenwürde, das auf diesen Stützen ruht, seine Plausibilität und Glaubwürdigkeit.

Genauer gesagt: Darwins Erkenntnisse *sollten* dazu führen, daß diese Form von von Menschenwürde – mit ihren verheerenden Folgen für Tiere – als das gesehen wird, was sie ist: eine höchst unplausible und unglaubwürdige Sache. Aber leider gibt es, wie schon eingangs gesagt, auch im Zusammenhang mit Darwins Lehre nach wie vor ein folgenschweres Nicht-ernst-Nehmen von Tatsachen zu Lasten der Tiere.

7. Utilitarismus für Tiere – Kantianismus für Menschen

Beim Utilitarismus geht es bekanntlich darum, die Interessen aller Betroffenen zu maximieren: Moralisch richtig ist jene Handlung, die insgesamt am meisten Glück (bzw. am wenigsten Leiden) für alle Betroffenen bringt. Naheliegenderweise kann es hierbei leicht passieren, daß Interessen von Individuen „unter die Räder" kommen. Dann nämlich, wenn deren Vernachlässigung der Vergrößerung des Gesamtwohls dient.

Beim Rechte-Ansatz geht es hingegen gerade darum, Ansprüche von Individuen vor solchen und anderen „Übergriffen" zu schützen: „Ein Recht ist ein geschützer Anspruch, den ein Individuum hat – und zwar ein geschützter Anspruch, dem … ein besonderer Rang zukommt: Selbst gewichtige moralische Ziele können Rechte, die ihnen entgegenstehen, im Normalfall nicht verdrängen." (Hoerster, 1992, S. 26; vgl. Francione / Regan, 1992, S. 40)

Ein Blick auf Menschenrechte soll Funktion und Wirkweise von Rechten verdeutlichen. Da Menschenrechte hier auf der Grundlage von Kants Philosophie formuliert werden, sei folgende Fassung von Kants kategorischem Imperativ vorangestellt (hier zitiert nach Birnbacher, 2003, S. 141): „Handle so, dass du die Menschheit sowohl in deiner Person als (auch) in der Person eines jedes andern jederzeit zugleich als Zweck, niemals bloß als Mittel brauchst." Mit anderen Worten: Beim Umgang mit Menschen soll immer ihr Selbstzweckcharakter beachtet und respektiert werden,

Menschen dürfen nie als Mittel zum Zweck betrachtet und behandelt werden.

Tom Regan (2007) formuliert nun Menschenrechte auf kantischer Grundlage etwa wie folgt: Menschen haben die direkte Pflicht, einander moralisch zu achten, d. h. niemals als Mittel zum Zweck, sondern immer als Selbstzweck zu behandeln – weil Menschen nicht existieren, um die Interessen oder Wünsche irgendjemandes anderen zu befriedigen. Daraus können wir folgern, daß Menschen einen Anspruch darauf haben, ein *Recht* haben, auf diese Weise – als Selbstzweck und nicht als Mittel zum Zweck – behandelt zu werden. (S. 78 f.)

Wie wichtig solche Rechte sind, zeigt ein Experiment, das von 1932 bis 1972 am Tuskegee-Institut in den USA durchgeführt wurde: An etwa 400 freiwilligen afroamerikanischen Männern, die an Syphilis litten, wurde unter Vorspiegelung falscher Tatsachen und bei Verschweigen der entscheidenden Fakten (z. B. daß sie an Syphilis erkrankt waren) getestet, wie lange es dauert, bis sie ohne Behandlung sterben. Man dachte, dies zu wissen, sei hilfreich für das künftige Verständnis dieser und ähnlicher Erkrankungen. (Ebenda)

Das ist nun natürlich ein klassischer und eklatanter Fall der *Verletzung* von Menschenrechten, denn diese Menschen wurden unzweifelhaft eben nicht als Selbstzweck, sondern eindeutig als Mittel zum Zweck betrachtet: als Mittel zu dem Zweck, das Wissen über diese und ähnliche Erkrankungen zu erhöhen. Um des Allgemeinwohles willen wurden diese Individuen geopfert. Hätte man ihre

Rechte respektiert, wäre diese Vorgangsweise unmöglich gewesen. Zweck von Rechten ist es nämlich gerade, daß im Konfliktfall zwischen Allgemeinwohl und Individualrechten letztere (um mit Ronald Dworkin zu sprechen) als „Trumpfkarte" fungieren, mit der jegliche Interessenmaximierung auf Kosten der Rechtsträger blockiert werden kann. (Regan, 2007, S. 79, Cavalieri, 2002, S. 109)

Betrachten wir nun die übliche Bewertung von Versuchen, deren Versuchsobjekte nicht Menschen, sondern Tiere sind, erkennen wir rasch die sagenhafte Irrationalität und Willkür, die hier aufgezeigt werden soll: Soferne man es überhaupt für nötig hält, die als völlig selbstverständlich empfundene Praxis der Tierversuche irgendwie zu rechtfertigen, verweist man darauf, daß die Tiere halt geopfert werden müßten, damit es den Menschen besser gehe.

Versuche an Menschen gelten hingegen ebenso selbstverständlich als absolutes Tabu: Menschen hätten schließlich Rechte, die sie vor jeglicher Instrumentalisierung bzw. Interessensmaximierung auf ihre Kosten schützten. Robert Nozick (1984) bringt diese skandalöse Situation auf den Punkt: Kantianismus für Menschen, Utilitarismus für Tiere (Cavalieri, 2002, S. 37, 108 f.), sprich: Individualrechte für Menschen, Interessenmaximierung bei Tieren.

Diese grundlegende und folgenschwere Andersbewertung von Menschen und Tieren wird nirgendwo diskutiert, geschweige denn begründet und fällt nur deshalb niemandem auf, weil sie haargenau der allgemeinen Auffassung entspricht, wonach Tiere selbstverständlich für den Menschen da seien. (Vgl. ebenda) Ihren abwegigsten Ausdruck findet diese bei Lichte besehen absurde Vorstellung (vgl. McGinn, 2002, S. X) im Glauben, daß Tiere sogar für den Menschen *geschaffen worden seien*.

8. Trumpfkarte für Besserbehandlung von Menschen hat keine Grundlage

Was bewahrt Menschen am wirksamsten davor, so wie Tiere behandelt zu werden, genauer: so *schlecht* wie Tiere behandelt zu werden? Die Menschenwürde! Die Menschenwürde gilt – zumindest im „Westen" – als absolut zu schützender Wert.

Sollte sich nun aber diese mit Abstand stärkste Stütze bzw. wichtigste Begründung für die Besserbehandlung von Menschen gegenüber Tieren als reine Rhetorik erweisen, so wäre dies ein starkes Argument dafür, Tiere künftig besser zu behandeln. (Menschen schlechter als bisher zu behandeln, wäre theoretisch natürlich auch eine Möglichkeit, aber dafür soll selbstverständlich nicht plädiert werden.) Genau dies, daß das gegenwärtige Menschenwürde-Konzept reine Rhetorik ist, ist aber tatsächlich der Fall: Sobald man einen Blick hinter die pompösen Menschenwürde-Fassaden wirft, erkennt man, daß die Menschenwürde buchstäblich grundlos ist: ohne Fundament.

In bezug auf die Begründung der Menschenwürde treffen wir auf drei Strategien: Erstens: Gar keine Begründung. Die Menschenwürde wird einfach als reine Selbstverständlichkeit betrachtet, deren Hinterfragung als gefährlich, ja als geradezu unmoralisch gilt. Zweitens: Scheinbegründungen. Es wird etwa auf reine Glaubenssätze verwiesen, etwa darauf, daß der Mensch nach Gottes Ebenbild erschaffen worden sei. Solche Begründungen haben natürlich in pluralistischen, säkularen Staaten, deren Gesetze für Menschen aller Weltanschauungen nachvollziehbar sein sollen, nichts verloren.

Beliebt sind auch ebenso großspurige wie nichtssagende Beschreibungen, wie etwa, daß die Menschenwürde ganz besonders „kostbar" oder schlicht – der Klassiker – „unantastbar" sei. Selbst vor blankem Unsinn schreckt man nicht zurück: „Der Satz von der Menschenwürde eröffnet für die Grundlegung und Konkretisierung der Verfassung die philosophische Perspektive eines letztlich nicht fassbaren Eigentlichen des Menschseins." (Müller, 1999, S. 4, zit. n. Tiedemann, 2006, S. 29)

Auf verschiedene Scheinbegründungen der Menschenwürde wollen wir im folgenden noch etwas näher eingehen – um uns danach mit der dritten Strategie zu befassen: Begründung der Menschenwürde durch Fakten. Nun aber, wie gesagt, noch zu den (offenkundigen) Scheinbegründungen:

Charakteristisch für diese ist, daß sie oft gar nicht „lokalisierbar", weil bloß „atmosphärischer" Natur sind. Typisch hierfür ist eine Meldung im „Spiegel" (Kannibalismus vertuscht?, 2008, S. 22), in der es um einen „ekelerregende(n) Fall einer Art von Kannibalismus bei der 1. Luftwaffendivision im oberbayerischen Fürstenfeldbruck" geht:

Zwei Feldwebel hatten aus Zwiebeln, Speckwürfeln, Gewürzen und – das war der Anlaß für die Aufregung – eigenem Blut Blutwurst hergestellt und anschließend gegessen. Da hier bei nüchterner Betrachtung weit und breit kein wie immer gearteter objektiver Schaden erkennbar ist (außer für das Tier, das den Speck lieferte), liegt man wohl mit der Vermutung richtig, daß das Skandalöse in einer vermeintlichen Verletzung der Menschenwürde liege.

Ähnlich gelagert ist die geradezu hysterische Angst davor, daß jemand es wagen könnte, einen Menschen zu klonen. Was wäre denn daran eigentlich so schlimm? Wird nicht immer gerade betont, daß das Großartige am Menschen eben *nicht* im Biologischen, sondern im „Geistigen" liege!

Bezeichnend ist auch die immer wieder hervorgehobene Nichtabwägbarkeit der Menschenwürde: „Die Menschenwürde ist nicht abwägbar" (Ohne Wenn und Aber, 2008, S. 25), stellt Hans-Jürgen Papier, Präsident des (deutschen) Bundesverfassungsgerichts, lapidar fest. „Die Menschenwürde (ist) nicht abwägungsfähig", formuliert Dieter Grimm (2007, S. 14) fast wortgleich.

Daß hierbei meist nicht einmal klar wird, welche der vielen Bedeutungen von „abwägen" gemeint ist, sollte gar nicht mehr verwundern. Vergleichsweise verständlich immerhin Alexander S. Kekulé (2008, S. 10): „Die Würde des Menschen kann nicht abgestuft oder aufgewogen werden."

Vermutlich läuft die „Unabwägbarkeit" der Menschenwürde – zumindest auch – auf ihre Unvergleichbarkeit hinaus. Was die Sache eigentlich noch merkwürdiger macht – ist doch ansonsten im Leben eigentlich so ziemlich alles irgendwie vergleichbar. Selbst bei so „abgehobenen" Dingen wie der Zuneigung zu verschiedenen Menschen können wir in der Regel Vergleiche ziehen.

Angesichts der dichten Nebelwände, die einem im Zusammenhang mit der Menschenwürde überall entgegenwabern, sind nüchterne Aussagen und Analysen geradezu eine Erlösung. So bezeichnet Theodor Heuss die Menschenwürde schlicht als „nicht interpretierte These" (Tiedemann, 2006, S. 28 f.). Dieter Birnbacher (1995) beklagt sowohl den übertrieben häufigen und beliebigen Gebrauch des Begriffs Menschenwürde als auch dessen Unklarheiten und Mehrdeutigkeiten. Beides nähre den bereits von Schopenhauer geäußerten Verdacht, daß es sich bei der Menschenwürde weitgehend um eine Leerformel handle, die sich für rhetorische und opportunistische Zwecke geradezu anbiete. (S. 4)

Nüchtern resümiert Paul Tiedemann: „In vielen Staaten, in denen die Menschenwürde als Verfassungsprinzip anerkannt ist, besteht jeweils ein mehr oder weniger intensiver juristischer Diskurs über den Inhalt und die Funktion der Menschenwürde, ohne dass irgendwo auf der Welt eine sichere Überzeugung von einem hinreichend bestimmten Inhalt des Prinzips festgestellt werden kann." (Tiedemann, 2006, S. 33)

Kennzeichnend für die Verwendung des Begriffs der Menschenwürde sei vielmehr unter anderem, so Dieter Birnbacher (1995), daß er tendenziell als „eine Art Glaubensartikel" beschworen werde. Typischerweise funktioniere der Menschenwürdebegriff als „'conversation stopper', der eine Frage ein für allemal entscheidet und keine weitere Diskussion duldet". (S. 4) Im Hinblick auf die bioethische Diskussion äußert Birnbacher den Verdacht, daß Eindringlichkeit und Pathos des Begriffs der Menschenwürde oft dazu herhalten müßten, um das Fehlen von Argumenten zu verdecken. (Ebenda, S. 5)

Damit trifft er wohl ins Schwarze! Im Zusammenhang mit Menschenwürde sind Argumente Mangelware, plumpe Behauptungen – neben wirrer Rhetorik – hingegen die Regel, etwa: „Die Menschenwürde … ist die Würde, die jeder menschlichen Person innewohnt, unabhängig von ihrem Alter, ihrer Einsichtsfähigkeit, ihrer körperlichen Beschaffenheit, ihrer Lebensführung." (Grimm, 2007, S. 14)

Erfrischend ehrlich Bischof Wolfgang Huber: „Wir haben zwar eine säkulare Sicherung der Menschenwürde, aber keine säkulare Begründung. Nur die Religion erklärt mir, warum der Mensch seine Würde nie verlieren kann. Er hat sie von Gott geschenkt bekommen." (Wir leisten Widerstand, S. 49) Schließlich Alexander S. Kekulé (2008, S. 10) völlig schnörkellos: „Basis der Menschenwürde ist letztlich die Zugehörigkeit zur Familie der Menschen."

Das Freundlichste, was man über diese Versuche, die Menschenwürde irgendwie zu beschreiben oder zu begründen, sagen kann, ist, daß sie mißlungen sind. Naheliegender ist freilich die Reaktion: Es ist schon eine ziemliche Zumutung, mit welch teilweise ungeschminktem Unsinn man hier behelligt wird!

Blieben also, wie angekündigt, drittens, noch die vereinzelten Versuche, Menschenwürde irgendwie im faktischen Bereich zu verankern. Als faktische Grundlagen der besonderen Würde des Menschen werden vor allem Vernunft (vgl. Rachels, 1991, S. 4, 97; Tiedemann, 2006, S. 21 f., 54, 56) und Autonomie (vgl. Wise, 2001, S. 243 f.; Tiedemann, 2006, S. 42, 58 ff.) genannt. Ein nüchterner Blick auf die Tatsachen zeigt freilich rasch, daß es sich auch hier um völlig untaugliche Versuche handelt, dem Menschen eine einzigartige Würde zuzusprechen:

Vernünftig zu sein, rational zu sein, bedeutet, folgerichtig denken zu können, zum Beispiel Ursache-Wirkung-Zusammenhänge erfassen zu können. Es kann nicht den Schatten eines Zweifels daran geben, daß viele Tiere sehr wohl rational sind. (Zur Rationalität bei Tieren und Menschen siehe: 1 – Theorie.) Ebenso klar ist, daß einige Menschen, zum Beispiel Neugeborene und manche geistig Behinderte, kaum oder gar nicht rational sind. Auf alle Fälle sind viele Menschen, zum Beispiel einige Senile und Demente, deutlich weniger rational als viele Tiere. Mit anderen Worten: Rationalität als Basis von Würde taugt absolut nicht dazu, allen Menschen, aber keinen Tieren eine besondere Würde zuzusprechen.

Zur Autonomie: Als autonom kann betrachtet werden, wer Präferenzen hat sowie die Fähigkeit, sich so zu verhalten, daß diese Präferenzen befriedigt werden. (Zur Autonomie bei Tieren und Menschen siehe: 3 – Praxis / Theorie.) Zweifellos sind viele Tiere in diesem Sinne autonome Wesen. Und zwar keineswegs nur Primaten, sondern, wie wohl jeder aus eigener Erfahrung bestätigen kann, beispielsweise auch Hunde und Katzen. Ebenso klar ist, daß einige Menschen, etwa manche geistig Behinderte, kaum oder gar nicht autonom sind. Und viele Menschen, beispielsweise einige Senile und Demente, sind deutlich weniger autonom als viele Tiere. Mit anderen Worten: Auch die Eigenschaft Autonomie taugt absolut nicht als Basis für eine Würde, die allen Menschen, aber keinen Tieren zukommt.

9. Gleichheitsprinzip

Das vielleicht fruchtbarste Einzelkonzept, mit dem in der Tierrechtsphilosophie argumentiert wird, ist das Gleichheitsprinzip, wie es Peter Singer formuliert hat. Kern dieses Prinzips ist, „daß wir in unseren moralischen Überlegungen den ähnlichen Interessen all derer, die von unseren Handlungen betroffen sind, gleiches Gewicht geben" (Singer, 1994, S. 39; vgl. 1978, S. 197, 1985, S. 9). Mit anderen Worten: Wir sollen den ähnlichen Interessen all derer, die von unseren Handlungen betroffen werden, gleiches moralisches Gewicht verleihen. Oder einfach: Ähnliche Interessen sollen gleich gewichtet werden.

Singer betont immer wieder, daß das Gleichheitsprinzip keine Tatsachenbehauptung beinhaltet, sondern ein *moralisches* Prinzip ist: „Das Prinzip der Gleichheit aller Menschen ist nicht die Beschreibung einer angenommenen tatsächlichen Gleichheit der Menschen, sondern es ist eine Vorschrift, die uns sagt, wie wir andere Menschen behandeln sollen." (Singer, 1996a, S. 32, im Original hervorgehoben; vgl. 1994, S. 39) Dieser Hinweis ist wichtig, weil das häufigste Mißverständnis im Zusammenhang mit dem Gleichheitsprinzip gerade darin besteht zu glauben, es würde es eine faktische Gleichheit behaupten.

Worauf das Gleichheitsprinzip aber tatsächlich hinausläuft, ist schlicht: Interesse ist gleich Interesse, egal wessen Interesse es auch immer sein mag. (Singer, 1994, S. 39) Das Gleichheitsprinzip funktioniert wie eine Waage:

„Interessen werden unparteiisch abgewogen. Echte Waagen begünstigen die Seite, auf der das Interesse stärker ist oder verschiedene Interessen sich zu einem Übergewicht über eine kleinere Anzahl ähnlicher Interessen verbinden; aber sie nehmen keine Rücksicht darauf, wessen Interessen sie wägen." (Singer, 1994, S. 40; vgl. 1978, S. 197)

Die Interessen der von unseren Handlungen Betroffenen können freilich sehr unterschiedlich sein. Deshalb fordert das Gleichheitsprinzip auch nicht, daß wir alle *gleich behandeln,* sondern daß wir alle *entsprechend ihren Interessen* behandeln. Das nennt Singer „gleiche Berücksichtigung", was nichts anderes bedeutet, als daß wir die Interessen, die Wesen nun einmal haben, moralisch immer gleich ernst nehmen, moralisch immer gleich gewichten sollen, unabhängig davon, um wessen Interessen es sich handelt. Interessen müssen quasi „ohne Ansehung der Person" immer gleich ernst genommen werden.

Und gleiche Berücksichtigung unterschiedlicher Wesen kann zu unterschiedlicher Behandlung führen. (Singer, 1996a, S. 29) So mögen uns etwa Interessenerwägungen bezüglich mathematisch begabter Kinder veranlassen, ihnen früh höhere Mathematik zu lehren, was bei anderen Kindern völlig zwecklos oder gar schädlich sein könnte. (Singer, 1994, S. 41) „Aber das grundlegende Element, die Berücksichtigung der Interessen von Personen, welcher Art diese Interessen auch sein mögen, muß auf jeden Menschen angewendet werden, ungeachtet der Rasse, des Geschlechts oder der Werte eines Intelligenztests." (Ebenda)

Nun wäre es für Singer – und das ist der springende Punkt – völlig unannehmbar, das Gleichheitsprinzip auf den Umgang mit unseren Mitmenschen zu beschränken. Vielmehr seien wir, „wenn wir das Prinizip der Gleichheit als eine vernünftige moralische Basis für unsere Beziehungen zu den Mitgliedern unserer Gattung akzeptiert haben, auch verpflichtet …, es als eine vernünftige moralische Basis für unsere Beziehungen zu denen außerhalb unserer Gattung anzuerkennen." (Singer, 1994, S. 82)

Um dies zu erkennen, bedürfe es lediglich des wirklichen Verständnisses dieses Prinzips: Sowenig wir berechtigt sind, die vorhandenen Interessen von Wesen deshalb geringer zu schätzen, weil sie zu einer anderen Rasse gehören oder weil sie weniger intelligent sind, so wenig sind wir berechtigt, die vorhandenen Interessen von Wesen deshalb geringer zu schätzen, weil sie zu einer anderen biologischen Gattung gehören. (Ebenda, S. 83) In diesem Zusammenhang verweist Singer auf folgende berühmte Stelle bei Jeremy Bentham:

„Der Tag wird kommen, an dem auch den übrigen lebenden Geschöpfen [den Tieren, H. F. K.] die Rechte gewährt werden, die man ihnen nur durch Tyrannei vorenthalten konnte. Die Franzosen haben bereits erkannt, daß die Schwärze der Haut [der Sklaven, H. F. K.] kein Grund ist, einen Menschen schutzlos den Launen eines Peinigers auszuliefern. Eines Tages wird man erkennen, daß die Zahl der Beine, die Behaarung der Haut und das Ende des os sacrum sämtlich unzureichende Gründe sind, ein empfindendes Lebewesen dem gleichen Schicksal zu überlassen. Aber welches andere Merkmal könnte die unüberwindliche Grenzlinie sein? Ist es die Fähigkeit zu denken oder vielleicht die Fähigkeit zu sprechen? Doch ein erwachsenes Pferd oder ein erwachsener Hund sind weitaus verständiger und mitteilsamer als ein Kind, das einen Tag, eine Woche oder sogar einen Monat alt ist? Doch selbst, wenn es nicht so wäre, was würde das ändern? Die Frage ist nicht: Können sie *denken*? oder: Können sie *sprechen*?, sondern: Können sie *leiden*?" (Bentham, 1970, S. 283, zit. n. Singer, 1996a, S. 35 f.)

Hier indentifiziert Bentham die Leidensfähigkeit als jene entscheidende Eigenschaft, die einem Wesen das Recht verleiht, entsprechend dem Gleichheitsprinzip behandelt zu werden. (Singer, 1994, S. 84, 1996a, S. 36) Die Leidensfähigkeit ist für Singer aber nicht nur der Anlaß, das Gleichheitsprinzip auf Tiere auszudehnen, sondern auch das Fundament des Gleichheitsprinzips selbst, genauer: die Voraussetzung dafür, überhaupt Interessen haben zu können:

„Die Fähigkeit zu leiden – oder genauer, zu leiden und / oder sich zu freuen oder glücklich zu sein – ist nicht einfach eine weitere Fähigkeit wie die Sprachfähigkeit oder die Befähigung zu höherer Mathematik. (…) Die Fähigkeit zu leiden und sich zu freuen ist vielmehr eine Grundvoraussetzung dafür, überhaupt Interessen haben zu können, eine Bedingung, die erfüllt sein muß, bevor wir überhaupt sinnvoll von Interessen sprechen können." (Singer, 1994, S. 84 f.; vgl. 1996a, S. 36)

So wäre es beispielsweise unsinnig zu sagen, es verstoße gegen die Interessen eines Steines, getreten zu werden: „Ein Stein hat keine Interessen, denn er kann nicht leiden." (Singer 1996a, S. 36) Eine Maus hat im Unterschied dazu hingegen sehr wohl ein Interesse, nicht getreten zu werden, weil sie dabei leiden würde. (Ebenda; 1994, S. 85) Und wenn ein Wesen leidet, gibt es keine moralische Rechtfertigung dafür, dieses Leiden nicht zu berücksichtigen. (Singer, 1994, S. 85; 1996a, S. 37) Wenn ein Wesen leiden kann, muß sein Interesse, nicht zu leiden, gleich ernst genommen werden wie das ähnliche Interesse irgend eines anderen Wesens. (Singer, 1983, S. 90, 1996a, S. 37)

Deshalb ist die Grenze der Empfindungsfähigkeit, also die Fähigkeit, Leid oder Freude zu erfahren, die einzige vertretbare Grenze für die Berücksichtigung der Interessen anderer. (Singer, 1994, S. 85; 1996a, S. 38) Diese Grenze irgendwo anders zu ziehen, etwa aufgrund von Intelligenz oder Rationalität, hieße, sie völlig willkürlich zu ziehen. (Ebenda) Wenn ein Wesen leidet, dann kann es keine Rechtfertigung dafür geben, dieses Leiden nicht gleich zu berücksichtigen wie das gleiche bzw. ähnliche Leiden eines anderen Wesens.

Und wie funktioniert das in der Praxis? Singer bringt folgendes Beispiel: Wenn ich einem Pferd mit der flachen Hand einen Schlag versetze, so wird es dabei vermutlich kaum Schmerzen empfinden. Wenn ich aber ein Baby auf die gleiche Weise schlage, so wird es dabei sehr wohl einen Schmerz verspüren. Nun muß es aber einen Schlag geben – vielleicht mit einem dicken Stock –, der beim Pferd den gleichen Schmerz verursacht, den das Kind beim Schlagen mit der flachen Hand verspürt.

Das ist mit „demselben Ausmaß an Schmerz" gemeint. (Singer, 1994, S. 87, 1996a, S. 47) „Und wenn wir es falsch finden, einem Kleinkind ohne guten Grund so viel Schmerz zuzufügen, dann müssen wir … es ebenso falsch finden, einem Pferd ohne guten Grund dasselbe Ausmaß an Schmerz zuzufügen." (Ebenda)

Rassismus und Sexismus stellen systematische Verstöße gegen das Gleichheitsprinzip dar, weil Rassisten und Sexisten die Interessen bestimmter Menschen einfach deshalb weniger ernst nehmen, weil diese zu einer anderen Rasse oder zum anderen Geschlecht gehören. In Analogie zu Rassismus und Sexismus spricht Singer von Speziesismus – der Ausdruck stammt von Richard Ryder (Singer, 1996a, S. 58) –, wenn Lebewesen nicht aufgrund ihrer Rassen- oder Geschlechtszugehörigkeit diskriminiert werden, sondern aufgrund ihrer Artzugehörigkeit, also aufgrund der biologischen Spezies, der sie angehören: „Speziesismus … ist ein Vorurteil oder eine Haltung der Voreingenommenheit zugunsten der Interessen der Mitglieder der eigenen Spezies und gegen die Interessen der Mitglieder anderer Spezies." (Ebenda, S. 35) Wie Singer den Zusammenhang zwischen Rassismus und Sexismus einerseits und Speziesismus andererseits im einzelnen sieht, verdeutlichen folgende Zitate:

„Die Rassisten verletzen das Prinzip der Gleichheit, indem sie in Interessenkonflikten zwischen Mitgliedern der eigenen und einer anderen Rasse die Interessen der Mitglieder ihrer eigenen Rasse stärker gewichten. Sexisten verletzen das Prinzip der Gleichheit, indem sie die Interessen des eigenen Geschlechts bevorzugen. Und genauso räumen Speziesisten den Interessen der eigenen Spezies Vorrang ein vor den stärkeren Interessen von Mitgliedern anderer Spezies. Das Muster ist in jedem dieser Fälle dasselbe." (Singer, 1996a, S. 38)

„Rassisten europäischer Abstammung akzeptieren nicht, daß der Schmerz, den Afrikaner verspüren, ebenso schlimm ist wie der, den Europäer verspüren. (…) Menschliche Speziesisten erkennen nicht an, daß der Schmerz, den Schweine oder Mäuse verspüren, ebenso schlimm ist wie der von Menschen verspürte." (Singer, 1994, S. 86)

Dieser menschliche Speziesismus zeigt sich in unserem täglichen Umgang mit Tieren. Etwa in unserer Gewohnheit, Fleisch zu essen, bei Tierversuchen, bei der Jagd oder im Umgang mit Tieren in Zirkus und Zoo. Das folgende Zitat verdeutlicht, warum Fleischessen einen Verstoß gegen das Gleicheitsprinzip darstellt:

„Bürger der industrialisierten Gesellschaften können sich ohne weiteres angemessene Nahrung verschaffen, ohne auf tierisches Fleisch zurückzugreifen. (…) Dieses Fleisch ist ein Luxusartikel, der konsumiert wird, weil die Menschen seinen Geschmack lieben. Betrachten wir den moralischen Aspekt der Nutzung von Tieren als Nahrung in industrialisierten Gesellschaften, so haben wir eine Situation vor uns, in der ein relativ geringes Interesse der Menschen gegen das Leben und Wohl der betroffenen Tiere abgewogen werden muß. Das Prinzip der gleichen Interessenabwägung gestattet es nicht, größere Interessen für kleinere Interessen zu opfern." (Singer, 1994, S. 91)

Dieses Zitat zeigt, daß das Gleichheitspinzip einer Präzisierung bedarf, die zwar von Singer gewiß „mitgedacht" (und teilweise auch ausgesprochen) wird, im Interesse völliger Klarheit aber sicherheitshalber dennoch konkret formuliert werden sollte. Unsere bisherige Formulierung des Gleichheitsprinzips lautete: Ähnliche Interessen sollen gleich gewichtet werden. Wir können auch sagen: Ähnliche Interessen sollen (in unseren moralischen Überlegungen) die gleiche Rolle spielen.

Aber der Fall, daß die von unseren Handlungen Betroffenen tatsächlich *ähnliche* Interessen haben, ist eher die Ausnahme. Das zeigt auch das vorangehende Zitat: Hier steht *ein relativ geringes Interesse der Menschen* dem *Leben und Wohl der betroffenen Tiere* gegenüber. Mit anderen Worten: Die von der Handlung Fleischessen berührten Interessen sind bei Tieren viel größer als beim Menschen. Während es beim Menschen lediglich um einen kurzen Gaumenkitzel geht, geht es bei Tieren buchstäblich um alles. Alle Interessen der Tiere stehen einem einzigen, vergleichsweise lächerlichen menschlichen Interesse gegenüber.

Der Umstand, daß es eher die Ausnahme darstellt, daß die von unseren Handlungen Betroffenen ähnliche Interessen haben, sollte bei der Formulierung des Gleichheitsprinzips berücksichtigt werden. Das Gleichheitsprinzip sollte seiner „inneren Logik" entsprechend im Hinblick auf verschiedene Anwendungsbedingungen differenziert werden:

Die Forderung, daß ähnliche Interessen die gleiche Rolle spielen sollen, muß ergänzt werden durch die Forderung, daß größere Interessen eine größere Rolle bzw. kleine Interessen eine kleinere Rolle spielen sollen. Insbesondere muß aber auch gefordert werden, daß größere Interessen keine kleinere Rolle spielen dürfen als kleinere Interessen, mit anderen Worten, daß größere Interessen nicht kleineren Interessen geopfert werden dürfen. Die Mißachtung dieser letzten Forderung stellt offenkundig einen besonders schweren Verstoß gegen das Gleichheitsprinzip dar.

Somit ergeben sich entsprechend den verschiedenen Anwendungsbedingungen des Gleichheitsprinzips folgende verschiedene Anwendungsvarianten:

A) Ähnliche Interessen sollen die gleiche Rolle spielen.

B) Größere Interessen sollen eine größere Rolle spielen.

C) Kleinere Interessen sollen eine kleinere Rolle spielen.

D) Größere Interessen dürfen keine kleinere Rolle spielen als kleinere Interessen. Beziehungsweise: Größere Interessen dürfen nicht kleineren Interessen geopfert werden.

Und jetzt sehen wir auch sofort, daß und warum Fleischessen nicht nur einen deutlichen, sondern auch einen besonders schweren Verstoß gegen das Gleichheitsprinzip darstellt: Es stellt einen Verstoß gegen die Forderung D dar: Beim Fleischessen spielen alle tierlichen Interessen eine kleinere Rolle als ein einziges (und dazu noch vergleichsweise unwichtiges) menschliches Interesse, alle Interessen der Tiere werden einem kurzen Gaumenkitzel des Menschen geopfert.

10. Goldene Regel

„Was du nicht willst, daß man dir tu´, das füg´ auch keinem andern zu." Oder: „Behandle andere so, wie du auch von ihnen behandelt sein willst." Allen gegenteiligen Behauptungen zum Trotz funktioniert die Goldene Regel (oder „Ethische Weltformel", wie ich sie auch nenne, siehe Kaplan, 2003) in der Praxis ganz vorzüglich. Die Ablehnung der Goldenen Regel beruht meist auf intellektueller Hochnäsigkeit („primitives Prinzip") oder moralischer Bequemlichkeit: um unangenehmen Konsequenzen für das eigene Handeln aus dem Wege zu gehen. Tatsache aber ist: Wenn sich alle Menschen an diese Regel hielten, wären augenblicklich 99 Prozent aller Übel, die sich durch moralisches Handeln beseitigen lassen, beseitigt!

Ein beliebter Einwand gegen die Goldene Regel lautet, daß sie nicht berücksichtigt, daß unterschiedliche Menschen unterschiedliche Interessen haben. Dies führe dazu, daß die Befolgung der Goldenen Regel absurde Konsequenzen zeitige:

„Wörtlich genommen, fordert die Regel einen Masochisten auf, ein Sadist zu werden: jemandem, der gerne von anderen gequält werden möchte, wird befohlen, andere zu quälen." (Singer, 1975, S. 37)

„Wer zu stolz ist, sich helfen zu lassen, dürfte anderen nicht helfen." (Höffe, 1986, S. 93)

„Der Abstinenzler könnte voller Freude universal vorschreiben, niemand solle Wein oder Bier trinken." (Mackie, 1983, S. 113)

Zum Einwand, daß die Goldene Regel nicht berücksichtigt, daß die Menschen unterschiedliche Interessen und Wünsche haben, ist folgendes zu sagen: Erstens unterscheiden sich die Menschen im Hinblick auf die grundlegenden Interessen und Wünsche kaum von einander: Wer will schon belogen, betrogen, beleidigt oder gequält werden! Der Masochist ist zweifellos eine Ausnahme.

Zweitens und vor allem aber: Wo sich die Menschen in ihren Interessen und Wünschen unterscheiden, da berücksichtigen wir dies bei der Anwendung der Goldenen Regel ohnehin automatisch, da alles andere dem Geist der Goldenen Regel aufs gröbste widerspräche!

Vor die Frage gestellt, ob ich einem Behinderten beim Überqueren der Straße behilflich sein sollte, ist mein Gedankengang doch nicht: Da ich selbst nicht behindert bin und so weiter, sondern: Wenn ich jetzt an seiner Stelle wäre, würde ich mir wünschen, daß mir geholfen wird! Oder: Wenn ich jemandem mit einer Einladung zum Essen eine Freude bereiten möchte, serviere ich natürlich nicht *meine*, sondern *seine* Lieblingsspeise!

Kurz: Bei der Anwendung der Goldenen Regel geht es *selbstverständlich* nicht darum, dem anderen die *eigenen* Wünsche aufzuzwingen, sondern darum, die Wünsche des *anderen* zu berücksichtigen. Sinnvoll und akzeptabel ist deshalb selbstverständlich ausschließlich jenes Verständnis der Goldenen Regel, bei dem man

„seinen Mitmenschen nicht *seine* eigenen, sondern *ihre* eigenen Wünsche, Interessen und Bedürfnisse unterstellt. (…) Die Frage darf also *nicht* lauten: 'Wie würde ich, mit all *meinen* Eigenschaften, an seiner Stelle behandelt werden wollen?', sondern vielmehr: 'Wie würde ich, mit all *seinen* Eigenschaften, an seiner Stelle behandelt werden wollen?'" (Hoche, 1978, S. 361)

Folgerichtig schlägt Hans-Ulrich Hoche (ebenda, S. 358) folgende Fassung der Goldenen Regel vor: „Behandle jedermann so, wie du selbst an seiner Stelle wünschtest behandelt zu werden." Und diese Regel ist für alle, *die moralisch handeln wollen*, ein ganz hervorragendes und in seiner Wirksamkeit kaum zu überbietendes Mittel, um diese Welt zu einem schöneren, besseren und glücklicheren Ort zu machen!

Das heißt natürlich nicht, daß sich bei der Anwendung der Goldenen Regel keine Probleme ergeben könnten. Natürlich kann es auch hier, wie bei allem moralisch motivierten Handeln zu lebhaften Diskussionen, unterschiedlichen Auslegungen und schmerzlichen Konflikten kommen. Aber:

1) Dies gilt für *alle* moralischen Prinzipien, die hinreichend einfach sind, um praktikabel zu sein.

2) Dies ändert nichts daran, daß die Goldene Regel in den meisten real vorkommenden Situationen ganz ausgezeichnet funktioniert.

3) Eine einfache Regel, die in der Praxis *meistens* funktioniert, ist unendlich wertvoller als eine Ethik, die *vielleicht* theoretisch immer funktioniert (das heißt alle denkbaren Fälle abdeckt), dafür aber so kompliziert und unverständlich ist, daß sie von niemandem verstanden und daher auch von niemandem praktiziert wird.

4) Die meisten Probleme bei der Anwendung der Goldenen Regel treten (wie bei anderen moralischen Prinzipien auch) dann auf, wenn sich die Betroffenen absichtlich dumm stellen, daß heißt, wenn sie sie *mißverstehen wollen*.

5) Ich selbst habe im konkreten zwischenmenschlichen Umgang noch *niemals* erlebt, daß die *ehrliche und ernsthafte* Anwendung der Goldenen Regel nicht möglich gewesen wäre oder zu einem Ergebnis geführt hätte, das ihrem Geist widersprochen hätte.

Der Einwand, die Goldene Regel sei gegenüber Tieren nicht anwendbar, weil wir nicht wüßten, wie Tiere behandelt werden möchten, ist angesichts unseres Wissens um tierliche Interessen und Bedürfnisse faktisch absurd und moralisch verlogen. Wenn wir wollen, wissen wir sehr genau, wie Tiere behandelt werden möchten. Und vor allem, wie sie *nicht* behandelt werden möchten: Daß das Leben, das wir vielen Tieren zumuten, nicht das Leben ist, das sie leben wollen – und das wir an ihrer Stelle leben wollten! –, weiß jeder, der nicht vollkommen verrückt ist.

Das wirkliche Problem bei der Anwendung der Goldenen Regel auf Tiere, genauer: beim Sich-hinein-Versetzen in die Lage der Tiere, ist, daß uns dies so *leicht* gelingt – und daß das Ergebnis oft so schauerlich ist: Wer sich auch nur oberflächlich über das, was auf Tiertransporten, in Tierfabriken, in Schlachthäusern usw. passiert, kundig macht und sich dann seinen Hund oder seine Katze in diesen Situationen vorstellt (quasi als Brücke zum Sich-hinein-Versetzen in andere Tiere), der droht vor Mitleid und Entsetzen verrückt zu werden.

Diese exakte sachliche und emotionale Veranschaulichung, die die Goldene Regel bewerkstelligt, diese Verdichtung moralischer Situationen, dieses Auf-den-Punkt-Bringen moralischer Wertigkeit und moralischer Verantwortung sind wohl auch der häufigste Grund für ihre Ablehnung: Wer sich auf die Goldene Regel, diese ethische Weltformel, einläßt, gerät in moralischen Zugzwang.

Theorie

1. Wünsche schaffen Pflichten

Ähnlichkeit zwischen Tieren und Menschen

Ein guter Ansatzpunkt, um die Ähnlichkeit zwischen Tieren und Menschen, genauer: den Grad der Ähnlichkeit zwischen Tieren und Menschen festzustellen und darzustellen, ist der Personbegriff. In der Umgangssprache wird „Person" ja mehr oder weniger bedeutungsgleich mit „Mensch" verwendet. In der Philosophie wird „Person" hingegen genauer erläutert. Unter Hinweis auf das „Oxford Dictionary" und auf John Locke schlägt Peter Singer (1994, S. 120, 123, 136) vor, unter Personen rationale und selbstbewußte Wesen zu verstehen.

Selbstbewußte Wesen sind sich bewußt, daß sie in der Zeit sie selbst bleiben, daß sie, während die Zeit fließt, mit sich selbst identisch bleiben. Mit anderen Worten: Personen sind sich dessen bewußt, daß sie ein Individuum, ein Selbst sind, das eine Vergangenheit und eine Zukunft hat. Solche Wesen können Wünsche in bezug auf ihre eigene Zukunft haben. Ein Autor mag sich etwa wünschen, ein bestimmtes Buch zu schreiben, ein Student, daß er seine Abschlußprüfung besteht und ein Kind mag den Wunsch haben, mit einem Flugzeug zu fliegen.

Tötet man einen solchen Menschen, durchkreuzt man damit seine Wünsche. Tötet man hingegen eine Schnecke oder ein neugeborenes Kind, so durchkreuzt man keine solchen Wünsche, weil Schnecken und Neugeborene keine solchen Wünsche haben. Damit sind wir bei einem wichtigen Punkt: Es gibt Menschen, Neugeborene und manche geistig Behinderte, die keine Personen sind.

Aber: Es gibt Tiere, die sehr wohl Personen sind! Die Tiere, deren Personsein am spektakulärsten ins Auge sticht (ebenda, S. 148 f., 155), sind die Menschenaffen. Sie können mit uns kommunizieren, indem sie eine menschliche Sprache (die Zeichensprache für Taubstumme) benutzen und verwenden deren Zeichen auch dazu, um sich auf vergangene und künftige Ereignisse zu beziehen – womit sie zeigen, daß sie ein Zeitgefühl besitzen. Das Verhalten von Menschenaffen zeugt aber auch unabhängig von ihren sprachlichenen Äußerungen davon, daß sie sich als in der Zeit gleichbleibende Individuen begreifen – wenn sie etwa offenkundig komplexe Pläne ersinnen und ausführen, um bestimmte Ziele zu erreichen.

Obwohl Singer hier (ebenda, S. 157, 173–175) erkennbar um größte Zurückhaltung bemüht ist, stellt er fest, daß triftige Gründe dafür sprechen, daß auch andere Affenarten, Wale, Delphine, Hunde, Katzen, Schweine, Robben, Bären, Rinder, Schafe usw. Personen sind, vielleicht sogar alle Säugetiere.

Andererseits bezeichnet er es an anderer Stelle ausdrücklich als „fragwürdig" bzw. „zweifelhaft" anzunehmen, daß Hühner und Enten, also Vögel, *kein* Bewußtsein ihrer selbst hätten. Dies spricht dafür, tendenziell allen Säugetieren Personenstatus zuzuschreiben.

Wir sagten oben, Personen zeichneten sich durch die Merkmale Rationalität und Selbstbewußtsein aus. Nun ist es vielleicht im Interesse der Vereinfachung unserer Überlegungen sinnvoll, darauf hinzuweisen, daß Selbstbewußtsein tendenziell Rationalität schon voraussetzt. Selbstbewußte Wesen sind automatisch bis zu einem gewissen Grad rationale Wesen. Eine einfache Überlegung macht dies klar:

Um sich dessen bewußt zu werden und bewußt zu sein, daß man zu verschiedenen Zeiten und an verschiedenen Orten und unter völlig unterschiedlichen Bedingungen dennoch das gleiche Selbst, das gleiche Ich, ist, bedarf der rationalen Verknüpfung vieler Fakten, Eindrücke, Erinnerungen usw. Daß Selbstbewußtsein das für das Personsein entscheidende Merkmal ist, klingt in Singers Ausführungen immer wieder durch. (Z. B. ebenda, S. 123, vgl. auch Ricken, 2003, S. 174.)

Ein anderer mehr oder weniger „selbstverständlicher" Zusammenhang ist der folgende: Einen Begriff von Vergangenheit und Zukunft zu haben, setzt bis zu einem gewissen Grad Selbstbewußtsein voraus: „Ein Bewußtsein von Vergangenheit und Zukunft ohne ein zumindest minimales Bewußtsein seiner selbst … (ist) nicht denkbar." (Kuhse / Singer, 1993, S. 162) Daß aber nun viele Tiere einen Begriff von Vergangenheit und Zukunft haben, weiß jeder, der je mit solchen Tieren zu tun hatte. Mein diesbezügliches Lieblingsbeispiel stammt von Norm Phelps (2007). Er berichtet (S. 78): Wenn ein Tierarztbesuch seiner Katzen ansteht, holt er die Katzenkörbe, in denen sie transportiert werden, hervor. Sobald die Tiere die Körbe sehen, ergreifen sie die Flucht. Beim Tierarzt zeigen sie nach erfolgter Untersuchung das exakt gegensätzliche Verhalten: Sie eilen aus eigenen Stücken zurück in ihre Körbe.

An der Erklärung für dieses Verhalten wird wohl niemand zweifeln: Zuhause wollen die Katzen zuerst nicht in die Transportkörbe, weil sie negative Erinnerungen an vergangene Arztbesuche haben und wissen, daß jetzt wieder ein solcher Arztbesuch geplant ist. Beim Arzt stürmen sie freiwillig in die gleichen Körbe, weil sie hoffen, bald wieder zuhause zu sein, wissend bzw. sich erinnernd, daß es zuhause viel lustiger ist als beim Arzt.

Bei diesen und allen anderen Vergleichen zwischen Tieren und Menschen gilt es, sich einer fundamentalen Tatsache bewußt zu sein: der evolutionären Kontinuität: Das Leben hat sich kontinuierlich entwickelt und die Merkmale der Lebewesen variieren kontinuierlich. Deshalb sind auch die üblichen und beliebten Alles-oder-nichts-Zuschreibungen der Art, nur Menschen hätten diese oder jene Fähigkeiten, in aller Regel unsinnig. (Vgl. Arzt / Birmelin, 1993, S. 290–292)

Das gilt auch für die Rationalität (vgl. Cavalieri, 2002, S. 52) sowie für komplexere Gemütserregungen (vgl. Darwin, 1966, S. 86). Die Vorstellung, Menschen besäßen geistige Eigenschaften bzw. Fähigkeiten, die es bei Tieren überhaupt nicht gebe, widerspricht der Evolutionstheorie. (Francione, 2006, S. 127) Dazu Charles Darwin (1966, S. 160 f.):

„Wie groß auch der Unterschied zwischen den Seelen der Menschen und der höheren Tiere sein mag, er ist doch nur ein gradueller und kein prinzipieller. Wir haben gesehen, daß die Gefühle und Anschauungen, die verschiedenen

Affekte und Fähigkeiten, wie Liebe, Gedächtnis, Aufmerksamkeit, Neugierde, Nachahmungstrieb, Überlegung usw., deren sich der Mensch rühmt, in ihren Anlagen und manchmal auch in einem ziemlich entwickelten Zustand in den Tieren vorhanden sind."

Inzwischen dürfte auch hinreichend klar geworden sein, daß der Übergang von Bewußtsein zum Selbstbewußtsein – und damit auch der Übergang von Nichtpersonen zu Personen – ein kontinuierlicher ist. Das wichtigste Fazit des Darwinismus, so Jean-Claude Wolf (1992) unter Hinweis auf George John Romanes (1884, 1898), ist die Theorie der speziesübergreifenden Kontinuität des Bewußtseins: „Wo evolutionäre Kontinuität ist, besteht auch Kontinuität des Bewußtseins und der Leidensfähigkeit." (S. 11; vgl. Waal, 1997, S. 88 f.)

Damit ist das nächste entscheidende Stichwort gefallen: Leidensfähigkeit bzw. Kontinuität der Leidensfähigkeit - und zwar der Leidensfähigkeit im umfassenden Sinne, also sowohl der (körperlichen) Schmerzen als auch der (seelischen) Leiden. Auch Tiere empfinden, was ja heute auch von keinem vernünftigen Menschen mehr bezweifelt wird, Schmerzen und auch Tiere erleben, woran zumindest kein Hunde- oder Katzenbesitzer zweifelt, Glück und Leid (vgl. Masson / McCarthy, 1996). Dazu noch einmal Darwin (1966, S. 80, 83):

„Da der Mensch dieselben Sinne wie die Tiere besitzt, müssen auch seine fundamentalen Empfindungen dieselben sein." „Die Tiere empfinden offenbar gerade so gut wie der Mensch Freude und Schmerz, Glück und Elend. Wohl kaum kann Glück deutlicher ausgedrückt werden als durch junge Tiere, wie junge Hunde, Kätzchen oder Lämmer, die wie Kinder miteinander spielen."

Nun zum Stellenwert der Leidensfähigkeit. Wir sagten oben: Wenn wir eine Schnecke oder ein neugeborenes Kind töten, durchkreuzen wir damit keine (längerfristigen) Zukunftswünsche, weil Schnecken und Neugeborene keine solchen Wünsche haben. Das gleiche gilt für manche geistig Behinderte sowie für viele Tiere, die zwar Bewußtsein haben, also empfindungsfähig sind (vgl. Singer, 1994, S. 137, 172 f., Rippe, 1994, S. 138), aber nicht selbstbewußt, z. B. für Fische. (Singer, 1994, S. 158 f.) (Hier sei in Erinnerung gerufen, daß alle diesbezüglichen fixen Zuordnungen aufgrund der fließenden Übergänge von Bewußtsein zu Selbstbewußtsein und damit von Nichtpersonen zu Personen mit größter Vorsicht zu genießen sind.)

Der springende Punkt ist nun: Das Personsein erzeugt lediglich *zusätzliche* Gründe dafür, Lebewesen nicht zu töten – eben die Durchkreuzung langfristiger Wünsche. Aber unabhängig davon, ob ein Wesen eine Person ist bzw. unabhängig vom Grad seines Personseins gilt: Alle leidensfähigen Wesen haben zweifellos ein sehr, sehr starkes Interesse, nicht zu leiden. Und die Art und Weise, in der wir Tiere töten, erzeugt in aller Regel sehr viele Schmerzen und Leiden:

Unabhängig davon, ob man ausgeprägte Zukunftsvorstellungen hat, ist es äußerst unangenehm, bei vollem

Bewußtsein (weil die Betäubung wieder einmal nicht geklappt hat) in den Hals gestochen zu werden (Schweine), geköpft zu werden (Hühner) oder erstickt zu werden (Küken). Oder (bei der Jagd), nachdem man in äußerste Panik versetzt worden ist, tödlich verletzt zu werden und dann stunden- oder tagelang hilflos zu verbluten. Oder bei „sportlichen" oder „kulturellen" Veranstaltungen (Stierkampf) buchstäblich zutodegefoltert zu werden.

Noch mehr von Schmerzen und Leiden bestimmt als das Sterben ist aber meist das Leben der Tiere. Denn unabhängig davon, ob man ausgeprägte Zukunftspläne hegt, ist es schlicht die Hölle, lebenslang auf engstem Raum unter grauenvollen Bedingungen dahinvegetieren zu müssen (Massentierhaltung) oder absolut wehrlos unbeschreiblich grauenvollen Prozeduren ausgesetzt zu sein (Tierversuche).

Das Leben und Sterben der Tiere, die das Pech haben, mit dem Menschen in Berührung zu kommen, wird also von Schmerzen und Leiden bestimmt. Um uns ein etwas anschaulicheres Bild vom Schicksal, das wir Tieren bescheren, machen zu können, seien im folgenden ein paar Ausführungen des Biologen Marc Bekoff (2001) wiedergegeben:

„Eine der elementarsten Fragen bezieht sich auf die Schmerz- und Leidensfähigkeit von Tieren. Schmerz ist eine unliebsame Empfindung, die Lebewesen vor körperlicher Verletzung oder drohender Gefahr bewahren soll. Wenn ein Tier beispielsweise von einem anderen Tier schwer verletzt wurde, wird es künftig die Nähe dieser Art von Tieren meiden, so dass der Schmerz langfristig das Überleben sichert.

Um Schmerz empfinden zu können, muss ein Individuum zumindest über ein einfaches Nervensystem verfügen. Es besteht kein Zweifel daran, dass viele Tiere Schmerz empfinden und leidensfähig sind. (…) Viele Tiere empfinden Schmerz, Angst und Leid sowohl körperlich als auch psychisch, wenn sie in Gefangenschaft gehalten oder Hunger, sozialer Isolation, Einschränkungen der körperlichen Bewegungsfreiheit oder schmerzhaften Situationen ausgesetzt werden, denen sie nicht entfliehen können." (S. 65 f.)

Mittlerweile gibt es viele Beweise dafür, daß Tiere, denen lange die Schmerzfähigkeit abgesprochen wurde, sehr wohl schmerzempfindlich sind. Das gilt zum Beispiel für Fische. Aber auch einige wirbellose Tiere, etwa Insekten, scheinen Schmerzen zu empfinden. Ein Problem bei der Feststellung, welche Tiere nun schmerzempfindlich sind und welche vielleicht nicht, ist, daß verschiedene Lebewesen auf gleiche (schmerzauslösende) Reize unterschiedlich reagieren. Aber daraus folgt nicht, daß sie keine Schmerzen empfinden:

„Es ist falsch, vorauszusetzen, dass Hunde, Katzen, Vögel, Fische, Ameisen und Hummer sich in schmerzvollen Situationen genauso verhalten wie Menschen. Wir tun vieles auf andere Weise, als Tiere es tun, und es gibt keinen Grund zu der Annahme, dass alle Lebewesen Schmerz in gleicher Weise wahrnehmen und verarbeiten müssten." (Ebenda, S. 68)

Im folgenden zwei eindrucksvolle Beispiele für seelisches Leiden bei Tieren:

„Wenn eine Graugans, die ihren Gatten verloren hat, haargenau dieselben objektiv feststellbaren physiologischen Symptome zeigt wie ein tieftrauriger Mensch, Symptome, die John Bowlby in seiner Arbeit 'Infant Grief' für Kleinkinder so überzeugend und herzzerreißend beschrieben hat, so kann der Beobachter gar nicht umhin zu fühlen, daß der Vogel trauert. Der Tonus des Nervus sympathicus nimmt dramatisch ab, die Augen sinken tief in ihre Höhlen zurück, die Muskulatur erschlafft, der Kopf sinkt traurig herab, man wird zwingend an den tröstenden Zuspruch gemahnt, den man trauernden Menschen zu sagen pflegt: 'Laß den Kopf nicht hängen.' Viele weitere physiologische Symptome der Trauer sind bei der verwitweten Gans und bei einem tieftrauenden Menschen schlicht und einfach die gleichen." (Lorenz, 1980, S. 254)

Jane Goodall beschreibt das Verhalten eines Schimpansen nach dem Tod seiner Mutter wie folgt:

„Ich werde nie Flints Anblick nach dem Tod seiner Mutter vergessen. Er kletterte langsam auf einen hohen Baum nahe des Flusses. Dann lief er auf einem der Äste entlang, blieb regungslos stehen und sah hinunter in das leere Nest. Nach etwa zwei Minuten drehte er sich um und kletterte langsam, wie ein alter Mann, wieder hinunter. Dann ging er einige Schritte, legte sich hin und starrte mit weit aufge-

rissenen Augen ins Leere. Das Nest hatte er kurz vor Flos
Tod mit ihr gemeinsam bewohnt. In Gegenwart seines großen Bruders Figan sah es zunächst aus, als ginge es Flint
etwas besser, bis er jedoch plötzlich die Gruppe verließ und
zurück zu dem Platz lief, wo Flo gestorben war. Dort verfiel
er in tiefe Depressionen. Flint wurde zunehmend lethar-
gisch, verweigerte die Nahrung und wurde aufgrund seines
geschwächten Immunsystems schließlich krank. Das letzte
Mal sah ich ihn lebend im Gebüsch, nahe der Stelle, an
der Flo gestorben war. Seine Augen waren eingefallen, er
war abgemagert und wirkte zutiefst deprimiert. Sein letzter
kurzer Weg führte zu dem Platz, wo Flos Körper gelegen
hatte. Er pausiert nach jedem Schritt. Am Ziel angekommen, verweilte er dort für mehrere Stunden, starrte ins
Wasser, ging dann etwas weiter, legte sich einfach hin und
bewegte sich nicht mehr." (Bekoff, 2001, S. 73)

Zur Schmerz- und Leidensfähigkeit von Tieren bzw. zu
deren Voraussetzungen – vor allem Bewußtsein und Selbstbewußtsein – gibt es mittlerweile viel und gute Literatur.
Im folgenden ein paar Hinweise:

- Die Abschnitte „Objektive Ähnlichkeit zwischen
  Menschen und Tieren" und „Subjektive Ähnlichkeit
  zwischen Menschen und Tieren" in Kaplan, 2000
  (das Buch ist momentan, 2014, vergriffen, eine er-
  weiterte Neuauflage erscheint voraussichtlich 2015).
- Der Abschnitt „Verfügen Tiere über Bewusstsein?" in
  Bekoff, 2001.
- Die Klassiker Dawkins (1994) und Griffin (1985).

- Die Autoren Marc Bekoff, Frans de Waal und Jane Goodall, die laufend (auch) zu diesem Thema publizieren und sehr fundiert und verständlich schreiben.

Verwiesen sei auch auf Jeffrey M. Masson (2006), der dankenswerterweise ausdrücklich thematisiert, was zwar im Grunde sowieso selbstverständlich ist, angesichts der sachlich und moralisch absurden Unterscheidung von „Haus- und Nutztieren" aber oft viel zuwenig beachtet wird: Die Bezeichnung von Tieren als „Nutztiere" nimmt diesen natürlich nichts, aber auch überhaupt nichts von ihrer Sensibiltät und Leidensfähigkeit!

Um eine ansatzweise Vorstellung vom Leben und Sterben der „Nutztiere" zu bekommen, genügt es, mit dem Wissen um die tierliche Schmerz- und Leidensfähigkeit Zeitung zu lesen und fernzusehen, ohne bei einschlägigen Berichten gleich weiterzublättern oder wegzuzappen. Denn über die Ausbeutung von „Nutztieren" wird mittlerweile erstaunlich häufig und offen berichtet – nicht selten sogar mit unübersehbarer Häme und Schadenfreude („Der ausgebüchste Bulle landete letztlich nur mit wenig Verspätung auf der Schlachtbank" und dergleichen). Für einen etwas direkteren Einblick in die Hölle, die wir Tieren täglich bereiten, siehe das Kapitel "Terror gegen Tiere" in meinem Buch „Der Verrat des Menschen an den Tieren" (Kaplan, 2007) sowie Karremann (2006) und Focke (2007).

Zusammenfassend sei in bezug auf die Leidensfähigkeit von Tieren folgendes festgestellt:

1) Aufgrund der evolutionären Kontinuität und aufgrund der biologischen Sinnhaftigkeit der Leidensfähigkeit

(Überlebensvorteil) muß damit gerechnet werden, Leidensfähigkeit auch noch sehr weit unten auf der „evolutionären Leiter" anzutreffen.

2) Es gibt ernstzunehmende Hinweise auf Leidensfähigkeit auch bei Insekten (vgl. Bekoff, 2001, S. 66) und Würmern (vgl. Rippe, 1994, S. 137).

3) Absolut sicher kann fremdes Leiden nie bewiesen werden. Das gilt auch für das Erleben insgesamt – auch für das unserer Mitmenschen: Letztlich sind alle subjektiven Erlebnisse an das jeweilige Subjekt gebunden und wir haben keine Möglichkeit des direkten Zugangs zu diesen Erlebnissen. (Vgl. Kaplan, 2000, S. 41 ff., 2003, S. 74 ff., Griffin, 1985, S. 38 f.)

4) Wer im Umgang mit Tieren die gleichen Plausibilitätskriterien anwendet wie beim Umgang mit Menschen, kann unmöglich zum Schluß kommen, Tiere wären nicht leidensfähig. (Vgl. ebenda.)

5) Moralisch verantwortbar ist wohl nur, im Zweifelsfalle auf Nummer sicher zu gehen, d. h. Leidensfähigkeit anzunehmen, wo Leidensfähigkeit nicht ausgeschlossen werden kann.

Es ist naheliegend und gut nachvollziehbar, beim Werben für einen besseren Umgang mit Tieren auf die großen Ähnlichkleiten zwischen Tieren und Menschen hinzuweisen. Sinnvoll und legitim ist aber auch die quasi umgekehrte Vorgangsweise: der Verweis auf den *eigenständigen* Wert aller Wesen. Es hat durchaus etwas erfrischend Radikales zu sagen: Wer bilden wir uns eigentlich ein zu sein, um zu glauben, daß nur in der größtmöglichen Ähnlichkeit mit uns der Wert aller Wesen begründet werden könnte! Der wahre Wert von Wesen beruht doch vielmehr gerade auf ihrer *eigenen* Vollkommenheit, auf ihrem optimalen Angepaßtsein an *ihre* Umwelt!

So berechtigt dieser Denkansatz auch ist – hier ist Vorsicht geboten! Denn die zur Schau gestellte Absicht, mit dem Verweis auf den eigenständigen Wert von Wesen deren moralischen Status heben bzw. sichern zu wollen, ist oft geheuchelt. Die wahre Absicht ist häufig genau die gegenteilige: Rechtfertigungen dafür vorzutäuschen, daß wir mit Tieren weiterhin so verfahren dürfen wie bisher.

Ein lehrreiches Beispiel für diese unredliche Strategie liefert Michael Miersch (2003, S. 33 f.). Sein Haupttrick: Er vermittelt, u. a. mit Schützenhilfe von Stephen Budiansky (1998, hier zit. n. Wise, 2001, S. 236), unterschwellig den Eindruck, daß all die erstaunlichen tierlichen Leistungen, die er darstellt, tendenziell ohne Bewußtsein (bzw. ohne Bewußtsein, wie wir es kennen) ablaufen – und daher keine moralische Bedeutung haben. Denn wenn die beschriebenen Tiere zwar schlau, aber ohne Bewußtsein sind, dann spüren sie von all den grauenhaften Dingen, die wir ihnen antun, ja nichts!

Nun ist die Behauptung, daß Tiere kein Bewußtsein hätten und daher auch nicht leidensfähig seien, natürlich völlig abwegig. Diese Vorstellung von Tieren als gefühllosen Automaten, wie sie Descartes vor über 350 Jahren hatte, wird heute auch von niemandem mehr ernstgenommen. Selbst den schlichtesten Gemütern ist mittlerweile klar, daß die Tiere in Tierfabriken, Schlachthöfen, Versuchslabors usw. schrecklich leiden.

Grundlage der Ethik

Im Praxis-Teil sind wir quasi auf das moralische Gravitationszentrum gestoßen, auf den ethischen Erdmittelpunkt sozusagen:

1) Wünschende Wesen, also Wesen, für die es Umstände gibt, die sie erleben wollen, und Umstände, die sie vermeiden wollen, sind die Quelle moralischer Werte.

2) Wünschende Wesen sind die Quelle moralischer Pflichten: Wir sollten ihre Wünsche nach Möglichkeit erfüllen.

Diese Erwägungen wollen wir etwas vertiefen. Zunächst drei besonders eindringliche und anschauliche Aussagen zu wünschenden Wesen als Quelle von Werten:

„Unabhängig von der Existenz empfindender Wesen, die gewisse Zustände anderen vorziehen, besitzt das Universum keinen ihm inhärenten Wert." (Singer, 1996b, S. 212). „Empfindungsfähige Wesen sind Zentren von Wertungen. Für sie sind Dinge gut und schlecht, unabhängig davon, ob diese Wesen für andere einen Wert haben." (Wolf, 1993a, S. 380 f.) „Gäbe es keine Wesen mit Bedürfnissen oder Wünschen irgendwelcher Art, dann wäre nichts von Wert und die Ethik ohne jeden Inhalt." (Singer, 1996b, S. 260) Besondere Bedeutung kommt in diesem Bereich grundlegender Werte bzw. Wertungen der Leidensfähigkeit zu (vgl. auch Rachels, 1983, S. 278):

„Die Fähigkeit zu leiden – oder genauer, zu leiden und /
oder sich zu freuen oder glücklich zu sein – ist nicht einfach eine weitere Fähigkeit wie die Sprachfähigkeit oder die
Befähigung zu höherer Mathematik. (…) Die Fähigkeit
zu leiden und sich zu freuen ist vielmehr eine Grundvoraussetzung dafür, überhaupt Interessen haben zu können,
eine Bedingung, die erfüllt sein muß, bevor wir überhaupt
sinnvoll von Interessen sprechen können." (Singer, 1994,
S. 84 f.)

Sprachliche oder psychologische Analysen oder Differenzie-
rungen wären in diesem Bereich elementarster Bezüge nicht
nur überflüssig, sondern sogar schädlich – weil die Grund-
zusammenhänge verdunkelnd. Deshalb bleiben wir hier bewußt auf umgangssprachlicher Ebene und betrachten (beispielsweise) „Ich habe ein Interesse daran, nicht zu leiden",
„Ich wünsche, nicht zu leiden", „Ich will nicht leiden", „Ich
ziehe es vor, nicht zu leiden" usw. als lediglich unterschiedliche Formulierungen derselben Grundaussage.

Es gibt eine weitestgehende Übereinstimmung darüber,
daß Leiden etwas Schlechtes, etwas zu Vermeidendes ist.
(Vgl. Kaplan, 2001, S. 37 ff.) Was auch immer sonst in der
Welt wahr sein mag, schreibt Stephen R. L. Clark (1977)
im Vorwort zu seinem Buch „The Moral Status of Animals"
– dies kann nicht wahr sein: daß es in Ordnung ist, ver-
meidbares Leiden zu verursachen. Leiden bzw. Leidensfähigkeit bildet die Grundlage moralischen Sollens (vgl. auch
Hare, 1973, S. 245 f., Ryder, 1992, S. 172): „Mit Schmerzen", sagt Günther Stolzenberg (o. J. S. 161), „beginnt

so etwas wie ein Sollen. Schmerzen sollen nicht sein." In einer Deklaration gegen den Speziesismus bekräftigen die Unterzeichnenden (darunter Andrew Linzey, Tom Regan, Richard D. Ryder und Peter Singer) ihre Überzeugung, daß alle *leidensfähigen* Lebewesen ein Anrecht auf Leben, Freiheit und Streben nach Glück haben. (Paterson / Ryder, 1979, S. VIII)

Peter Singer (1995, S. 81, 1996b, S. 260) knüpft an das Leiden in der Welt sogar (wenn ich ihn recht verstehe) den einzigen Sinn, den das Leben haben kann, genauer: den einzigen Sinn, den *wir* unserem Leben *geben* können: Es gibt Milliarden fühlender Wesen auf der Welt, für die ihr Leben besser oder schlechter verlaufen kann. Einigen dieser Lebewesen können wir dazu verhelfen, daß ihr Leben besser verläuft, als es ohne uns verlaufen wäre, indem wir ihr Leiden veringern oder ihr Glück vermehren. So können wir die Welt ein klein wenig besser hinterlassen, als sie ohne uns gewesen wäre.

Ohne Anspruch auf dessen Klärung, geschweige denn auf dessen restlose Klärung soll der Vollständigkeit halber hier noch auf den folgenden, vor allem von Tom Regan (vgl. Kaplan, 2000, S. 77 ff.) herausgearbeiteten Gesichtspunkt hingewiesen werden: Wir können einem Wesen auch extrem schaden, *ohne* ihm Schmerzen oder Leiden zuzufügen. Dann nämlich, wenn wir es einer Sache berauben oder ihm eine Sache vorenthalten.

Verwandeln wir beispielsweise eine kluge junge Frau mittels schmerzloser Injektion in eine zufriedene Schwachsinnige, so schaden wir ihr zweifellos – weil wir sie (unter anderem) ihrer Autonomie und Intelligenz berauben -, aber wir fügen ihr dabei keine Schmerzen oder Leiden zu. Es muß also nicht alles wehtun, was schadet. Auch Dinge, die wenig oder gar nicht wehtun, können einen enormen Schaden oder Nachteil bedeuten. Soweit Regan.

Freilich handelt es sich bei dieser Form von Schaden ohne Leiden um eine viel abstraktere, „philosophischere" Angelegenheit als bei Schmerzen und Leiden. Man könnte fragen, um wessen Schaden es sich denn eigentlich handle, wenn der Geschädigte von diesem Schaden gar nichts weiß. Auch könnte man unterscheiden zwischen der Innenperspektive des betreffenden Wesens (aus der kein Schaden erkennbar ist) und der Außenperspektive (aus der der Schaden sehr klar erkennbar ist).

Wie auch immer – Singers schönes Bild von der besseren Welt, die wir hinterlassen können, ist auch hier stimmig: Jedes Wesen, das ein glückliches Leben führt anstatt eines, bei dem es nicht weiß, daß ihm etwas vorenthalten wird, verbessert die Glücksbilanz. Und schließlich ganz konkret: Wenn wir beispielsweise dafür sorgen, daß ein Wesen aus eintöniger Gefangenschaft befreit wird und nun in einer ihm angemesseneren Umgebung leben kann, dann führt ab diesem Zeitpunkt *dieses Wesen* ein viel besseres und glücklicheres Leben.

3. Autonomie schafft Rechte

Im folgenden soll anhand der Komplexität des Seelenlebens („mind") von Schimpansen und Bonobos deren Autonomie veranschaulicht werden. Zwar können wir natürlich nicht direkt in die Seelen dieser Tiere hineinschauen. Aber wir können ihr komplexes Verhalten beschreiben und dann Frans de Waals Faustregel anwenden: Es bedürfte schon starker Argumente, damit wir akzeptieren könnten, daß ähnliche Verhaltensweisen bei Individuen verwandter Spezies unterschiedlich begründet sind. Damit verschiebt sich die Beweislast auf die Skeptiker tierlicher Autonomie. (Wise, 2001, S. 179 f.)

Nach 20 Jahren Forschungsarbeit kamen Tetsuro Matsuzawa und seine Kollegen am Primate Research Institute der Kyoto University zum Schluß, daß Schimpansen die Welt grundsätzlich so wie Menschen wahrnehmen. (Matsuzawa, 1996 und 1990) In einem Buch, in dem es um die Darstellung des Forschungsstandes in bezug auf das Erkenntnisvermögen von Primaten („primate cognition") geht, kommen die Primatologen Michael Tomasello und Josep Call (1997, S. 311, 405) zum Ergebnis, daß es außer Frage stehe, daß Primaten mit Absicht handeln („behave intentionally"), indem sie ihre Ziele sowie die Mittel, um sie zu erreichen, auswählen und die Fortschritte in Richtung Zielverwirklichung kontrollieren. (Wise, 2001, S. 180)

Im folgenden sollen beispielhaft und punktuell ein paar psychische Gemeinsamkeiten von Schimpansen, Bonobos und Menschen herausgegriffen und kurz skizziert werden (vgl. ebenda, S. 180 f.):

Erkennungs-Kartierung („cognitive mapping"): Diese Fähigkeit erlaubt es Kindern, sich daran zu erinnern, wo sich Orte befinden und wo Gegenstände versteckt wurden. Auch Schimpansen und Bonobos scheinen solche „kognitiven Karten" in sich herumzutragen. Schimpansen haben entsprechende Aufgaben gelöst, an denen dreijährige Kinder in der Regel scheitern. (Ebenda, S. 183–185)

Beziehungen zweiter Ordnung („second-order-relations"): Hier geht es nicht um den Vergleich von Gegenständen, sondern um den Vergleich von Beziehungen zwischen Gegenständen. Voraussetzung hierfür ist ein gewisses Verständnis für Analogien. Schimpansen verstehen solche Beziehungen zweiter Ordnung, die die Beziehungen gleich, verschieden und komplementär beinhalten. (Ebenda, S. 186 f.)

Werkzeuggebrauch: Diverse Versuchsanordnungen zeigten, daß Schimpansen Aufgaben schaffen, die menschliche Kinder im Alter zwischen 3 und 5 Jahren bewältigen. (Ebenda, S. 190 ff.)

Auch Tiere haben eine „theory of mind", d. h. die Fähigkeit, sich in andere Individuen hineinzuversetzen und so Erklärungen und Voraussagen im Hinblick auf deren Verhalten zu machen. Forschungsergebnisse legen nahe, daß Schimpansen und Bonobos viele, wenn nicht alle Elemente einer solchen „theory of mind" besitzen. Dazu zählen unter anderem Selbstbewußtsein, gemeinsame Aufmerksamkeit, Imitieren, Zeigen, Lehren, bewußte Täuschung,

Empathie sowie Kommunizieren mit und ohne Sprache.
(Ebenda, S. 194 ff.)

6. Tatsachen ernst nehmen

Für nähere Informationen zu Leidensfähigkeit und Selbstbewußtsein siehe 1 (Praxis / Theorie). Für nähere Informationen zur Rationalität siehe 1 (Theorie). Für nähere Informationen zur Autonomie siehe 3 (Praxis / Theorie).

7. Utilitarismus für Tiere – Kantianismus für Menschen

Daß der Rechte-Ansatz als „Kantianismus" bezeichnet wird, ist auf den ersten Blick insofern verwirrend, als bei Kant der Terminus „Rechte" in diesem Sinne überhaupt nicht vorkommt. Vielmehr ist bei Kant stets von Pflichten die Rede. (Der terminologische bzw. konzeptionelle Übergang von „Pflichten" zu „Rechten" erfolgte vor allem im zwanzigsten Jahrhundert, vergleiche Ryder, 1989, S. 328.) Die Formulierung von Kants Ethik mittels des Terminus „Rechte" muß daher nachträglich vorgenommen werden.

9. Gleichheitsprinzip

Daß tierliche Interessen in der Praxis oft viel weniger berücksichtigt werden als ähnliche menschliche Interessen, wird niemanden überraschen, ist doch unser Umgang mit Tieren in der Regel sogar dadurch gekennzeichnet, daß ihre Interessen *ignoriert* werden. Soferne man es überhaupt für nötig erachtet, diesen Umstand irgendwie zu kommentieren, begnügt man sich meist mit offenkundig unsinnigen Ausreden. Es gibt aber auch Versuche, diese Inkonsequenz und Ungerechtigkeit im Umgang mit Tieren irgendwie zu rechtfertigen. Ausgangspunkt entsprechender Überlegungen ist paradoxerweise oft gerade eine Tatsache, die die skandalöse Vernachlässigung tierlicher Interessen besonders drastisch veranschaulicht:

Kein Merkmal, sei es Bewußtsein, Selbstbewußtsein, Rationalität, Autonomie oder sonst etwas, das von irgendjemandem als moralisch bedeutsam betrachtet wird, verläuft entlang der Speziesgrenze Mensch – Tiere. Mehr noch: Es gibt viele Menschen, bei denen das betreffende Merkmal sogar deutlich *schwächer* ausgeprägt ist als bei vielen Tieren, nämlich bei den sogenannten Grenzfällen („marginal cases", siehe dazu z. B. Anderson, 2006, S. 279 ff., Dombrowski, 1997, Pluhar, 1988):

Viele geistig behinderte oder senile Menschen etwa und alle kleinen Kinder befinden sich auf einem deutlich *niedrigeren* Niveau als viele Tiere – als etwa Hunde, Katzen, Rinder und Schweine, die wir in Versuchslabors, Tierfabriken und Schlachthöfen tagtäglich grauenvoll behandeln.

Egal, welche Ebene – sei es etwa Sozialleben oder Gefühls-
leben – oder welche Fähigkeiten – sei es etwa Wahrnehmen
oder Problemlösen – wir auch nehmen: Diese Tiere sind
diesen Menschen klar, zum Teil haushoch überlegen. Selbst
Norbert Hoerster (1991, S. 87), alles andere als ein ausge-
wiesener Tierrechtler, fordert hier einen nüchternen Blick
auf die Fakten:

„Man sollte … die Tatsache nicht verdrängen, daß die Vertreter zahlreicher höherer Tierarten im ausgewachsenen
Zustand ganz allgemein über ein ungleich höheres Maß an
emotionalen und intellektuellen bzw. quasi-intellektuellen
Fähigkeiten verfügen als der neugeborene Mensch. Jeder
Halter eines Hundes oder einer Katze wird diese Tatsache
… bestätigen müssen."

Mit bemerkenswerter Offenheit gewährt Christoph Anstötz
(1994) Einblick in den Prozeß des Gewahrwerdens dieser
Zusammenhänge: Beim Versuch, bei schwerst Geistigbe-
hinderten nachzuweisen, daß auch sie Menschen seien, „sei
der Schuß nach hinten losgegangen": Es habe sich gezeigt,
daß die „typisch menschlichen" Eigenschaften keineswegs
nur bei Menschen vorkommen und, darüber hinaus, daß
(z. B.) die Großen Menschenaffen diese Eigenschaften in
einem viel ausgeprägteren Maße besitzen als die behinderten Menschen.

Wir sagten: Viele geistig behinderte oder senile Menschen etwa und alle kleinen Kinder befinden sich auf einem deutlich *niedrigeren* Niveau als etwa Hunde, Katzen,

Rinder und Schweine. Formulieren wir der Einfachheit halber aber ruhig großzügig: Diese Tiere sind diesen Menschen auf alle Fälle ebenbürtig (was ja auch wirklich zutrifft, wenn wir etwas weniger behinderte und senile Menschen bzw. etwas ältere Kinder nehmen). Wenn wir die Interessen dieser Menschen respektieren, dann müßten wir konsequenterweise auch die ähnlichen Interessen dieser Tiere respektieren!

Natürlich könnte man sich auch auf den Standpunkt stellen: Wir wollen Hunde, Katzen, Rinder und Schweine auch weiterhin so behandeln wie bisher. Aber dann müßten wir konsequenterweise auch geistig Behinderte, Senile und kleine Kinder so behandeln wie diese Tiere: sie zu Forschungszwecken mit Nagellackentfernern und Bremsflüssigkeiten vollpumpen, ihnen die Augen zunähen, die Köpfe abscheiden, sie lebenslang in winzige Käfige pferchen, sie abschlachten und aufessen. Das ist freilich nicht der Weg, den die Tierrechtsbewegung vorschlägt. Diese will nicht den moralischen Status irgendwelcher Menschen senken, sondern den moralischen Status von Tieren heben.

So schlüssig diese Position auch ist: gleiche Berücksichtigung ähnlicher Interessen, unabhängig davon, um wessen Interessen es sich handelt – es gibt dennoch ernstgemeinte (aber letztlich vergebliche) Versuche, sie zu unterlaufen. Folgende Einwände wurden gegen die gleiche Berücksichtigung ähnlicher tierlicher Interessen erhoben:

Argument der Spezieseigenschaften

Diese Position kann wie folgt beschrieben werden:

Man sollte alle Menschen so behandeln, wie Menschen *normalerweise* sind. (Vgl. Cavalieri, 2002, S. 89, Cohen, 1986, S. 866, Cohen, 2007, S. 98 f.) Wenn auch bestimmte Menschen, etwa geistig Behinderte oder Senile, zugegebenermaßen nicht jene Eigenschaften und Fähigkeiten besitzen, die wir für den Menschen als normal erachten, so sollten wir diese Menschen dennoch so wie alle anderen Menschen auch behandeln, denn entscheidend ist, welche Eigenschaften und Fähigkeiten Angehörige einer Spezies normalerweise haben. Und da es auf die Spezieseigenschaften ankommt, ist es auch gerechtfertigt, Tiere „grundsätzlich" schlechter zu behandeln: weil sie sich eben normalerweise – mitgedacht wird wohl auch so etwas wie „durchschnittlicherweise" – auf einem niedrigeren Niveau als Menschen befinden.

James Rachels (1991, S. 186 f.) veranschaulicht die Absurdität dieser Argumentation anhand folgenden Gedankenexperiments: Angenommen, ein besonders begabter Schimpanse lernt sprechen und lesen und ist in der Lage, über wissenschaftliche Fragen zu diskutieren. Schließlich äußert er den Wunsch, die Universität zu besuchen. Dies will ihm nun jemand mit der Begründung verwehren: „Nur Menschen sollten die Universität besuchen dürfen, weil nur Menschen lesen, sprechen und wissenschaftliche Fragen verstehen können." „Aber dieser Schimpanse kann das auch", wird dem Bedenkenträger geantwortet, worauf dieser ungerührt erwidert: „Aber *normalerweise* können Schimpansen das nicht."

Das ist nun offenkundig eine höchst merkwürdige Position: Wir sollten Individuen nicht aufgrund *ihrer* Eigenschaften behandeln, sondern aufgrund der Eigenschaften *anderer*. Jemandem aber etwas vorzuenthalten, wozu er qualifiziert ist, unter Hinweis darauf, daß andere nicht dazu qualifiziert sind, ist nicht nur unfair, sondern schlicht irrational.

Argument der schiefen Ebene oder Dammbruchargument

Ein anderes Argument, das tendenziell zur Rechtfertigung der systematischen Vernachlässigung tierlicher Interessen mißbraucht wird, geht etwa so: Wenn wir erst einmal damit beginnen, bestimmte Menschen, etwa geistig Behinderte oder Senile, schlechterzustellen als andere Menschen, so stoßen wir damit möglicherweise eine Entwicklung an, die schließlich viel weiter führt, als wir ursprünglich wollten (daher „schiefe Ebene"), und die wir dann nicht mehr stoppen können (daher „Dammbruch"). Als nächstes könnte etwa jemand vorschlagen, sozial Unangepaßten ihre Rechte zu beschneiden usw. Um solchen Tendenzen von vornherein einen Riegel vorzuschieben, empfiehlt es sich, an klaren Grenzen festzuhalten. Und eine solche klare Grenze ist nun einmal die Mensch-Tier-Grenze.

Im Hinblick auf unseren Umgang mit Tieren läuft diese Haltung letztlich wieder auf das Argument der Spezieseigenschaften hinaus: Weil es auf die Spezies(eigenschaften) ankommt und sich Tiere „normalerweise" auf einem niedrigeren Niveau befinden, können wir Tiere grundsätzlich schlechter behandeln. Die Unhaltbarkeit dieser Position wurde bereits dargelegt.

Eine solche strategische Vorgangsweise bzw. Bewertung, die die konkreten Fakten vernachlässigt oder ignoriert, ist nebenbei bemerkt langfristig auch für Menschen nicht ohne Tücken – siehe die Bioethikdebatte: Die leichtfertige und willkürliche Ausrufung der menschlichen Speziesgrenze auch zur moralischen Grenze (menschliche Wesen sind viel wertvoller als anderen Wesen) fällt nun Forschern wie Patienten in Form monströser Embryonenschutzbestimmungen auf den Kopf. So bedeutet etwa das deutsche Embryonenschutzgesetz in der Praxis unter anderem, daß alle lebensfähigen Embryonen in den Uterus müssen. Folge: ein deutlich erhöhtes Risiko körperlicher und geistiger Behinderungen. (Geschäft mit der Hoffnung, 2008, S. 46, 48)

Zurück zu „schiefer Ebene" bzw. „Dammbruch". Worum es letztlich geht, ist, Mißbräuchen vorzubeugen. Dazu Ursula Wolf (1990, S. 110 f.) unter Hinweis auf Günther Patzig (1986, S. 81): Man könnte etwa sagen, Versuche an schwachsinnigen Menschen wären an sich ja in der Tat moralisch unbedenklich. Aber man sollte sie dennoch unterlassen, weil die Geschichte zeigt, daß ansonsten Mißbrauchsgefahr besteht. Beispielsweise könnten politisch unliebsame Andersdenkende als Geisteskranke behandelt werden.

Eine solche Strategie der Mißbrauchsvorbeugung wäre nach Wolf (1990, S. 111) allerdings nur dann überzeugend und glaubwürdig, wenn wir sie immer verfolgten – was aber nicht der Fall ist: Auch bei der Praxis, psychisch Kranke in Kliniken unterzubringen und Straftäter in Gefängnisse zu sperren, besteht beispielsweise Mißbrauchsgefahr. Dennoch käme niemand auf die Idee, deshalb Kliniken und Gefängnisse zuzusperren.

Argument der Beziehungen

Eine andere Strategie, unsere systematische Minderbeachtung tierlicher Interessen zu rechtfertigen, besteht im Hinweis darauf, daß es aufgrund der größeren genetischen Verwandtschaft schlicht „natürlich" sei, Menschen, also Mitglieder der eigenen Spezies zu bevorzugen. Löwen könnte man schließlich, so Robert Nozick (1983, S. 29, zit. n. Cavalieri, 2002, S. 92), wären sie moralisch Handelnde, auch nicht vorwerfen, Löwen zu bevorzugen. (Löwen *sind* im übrigen moralisch Handelnde: Insbesondere aufgrund der evolutionären Kontinuität gibt es keinen vernünftigen Grund, Moralfähigkeit ausschließlich Menschen zuzuschreiben, HFK.)

Solche Überlegungen enden rasch in einer Art „Mafiamoral" (Wolf, 1993b, S. 130 f., unter Hinweis auf Brown, 1988) mit völlig überzogener Gewichtung von Familienbindungen. Evelyn Pluhar (1995, S. 163 f.) zeigt überzeugend, daß es allgemein höchst fraglich ist, daß (größere) genetische Verwandtschaft besondere Verpflichtungen erzeuge (geschweige denn die Verpflichtung, deshalb andere zu benachteiligen):

Unsere Verpflichtung gegenüber adoptierten Kindern ist ebenso groß wie unsere Verpflichtung gegenüber unseren biologischen Kindern, und unsere Verpflichtung gegenüber unserem Lebenspartner ist sogar größer als jene zu unseren Geschwistern. Gewiß: Viele Menschen sind der Meinung, daß wir unsere Verwandten grundsätzlich gegenüber anderen Menschen bevorzugen sollten. Aber viele Menschen sind auch der Meinung, daß wir die Mitglieder unserer Rasse grundsätzlich gegenüber anderen Menschen bevorzugen sollten!

Der Punkt ist: Enge Beziehungen schaffen besondere Verpflichtungen, aber enge Beziehungen sind nicht auf genetische Verwandtschaft beschränkt. (So können wir uns beispielsweise einem Tier viel näher fühlen als einem Cousin oder einem gleichgültigen Elternteil.) Andererseits berechtigen enge Beziehungen zu bestimmten Wesen aber nicht, diese in allen Situationen zu bevorzugen oder gar dazu, ihretwegen die grundlegenden Rechte anderer zu verletzen.

So sollten wir unsere begrenzten Mittel zwar vorzugsweise zur Versorgung unserer eigenen Kinder verwenden anstatt zur Versorgung der Nachbarskinder. Aber wir sind nicht berechtigt, dem Nachbarn sein Haus wegzunehmen, um für unsere Kinder bessere Wohnverhältnisse zu schaffen. Oder, angenommen, unser Kind und das Nachbarskind sind ins Wasser gefallen und wir können nur eines retten: Es wäre gerechtfertigt, das eigene Kind zu retten. Nicht gerechtfertigt wäre es aber, ein anderes Kind zu töten, um das eigene zu retten (etwa, um für eine notwendige Organtransplantation eine Leber zu erhalten). (Ebenda, S. 165)

In die gleiche Kerbe schlägt Steve F. Sapontzis (1987, S. 152): Ein Vater ist berechtigt, die Interessen seiner eigenen Kinder vorrangig zu befriedigen. Aber er darf dafür nicht einem anderen notleidenden Kind die Nahrung wegnehmen, einen Fremden versklaven oder einen Geschäftspartner umbringen. Ursula Wolf (1990, S. 112) bringt folgendes Beispiel: Die besondere Verpflichtung gegenüber meinem eigenen schwerkranken Kind rechtfertigt nicht, Versuche an fremden Kindern durchzuführen, um ein Heilmittel für mein Kind zu finden. „Gegen massive Eingriffe in das eigene Wohl sind alle Wesen gleichermaßen geschützt, ob nah oder fern ….“ (Ebenda)

Fazit: Unsere größere genetische Nähe zu Menschen eignet sich in keiner Weise zur Rechtfertigung unserer Schlechterbehandlung von Tieren. Erstens ist genetische Verwandtschaft keine Voraussetzung für enge Beziehungen. Und zweitens rechtfertigen enge Beziehungen keine „Benachteiligung“ der Art, wie sie bei unserem Umgang mit Tieren an der Tagesordnung ist: Völlig Unschuldige ihres Wohlergehens und ihres Lebens zu berauben.

Schließlich sei noch auf einen wichtigen Punkt verwiesen, auf den Tom Regan (1984, zit. n. Pluhar, 1995, S. 269) aufmerksam macht: Ganz besondere Verpflichtungen haben wir gegenüber jenen Tieren, die wir in die Existenz gebracht haben oder deren Lebensbedingungen wir bestimmen.

Argument der Potentialtät

Das Potentialitätsargument, in Stellung gebracht gegen die gleiche Berücksichtigung ähnlicher tierlicher Interessen, geht etwa so: Auch wenn sich beispielsweise Hunde, Katzen, Rinder oder Schweine aktuell auf dem gleichen Niveau befinden wie Kinder eines bestimmten Alters, so dürfen wir diese Tiere dennoch schlechter behandeln als diese Kinder, weil letztere das Potential haben, sich weiterzuentwickeln.

Grundsätzlich ist zum Potentialitätsargument zunächst einmal zu sagen, daß es in der Praxis schlicht nicht akzeptiert wird – wenigstens nicht durchgängig: Obwohl befruchtete menschliche Eizellen, menschliche Embryonen und menschliche Föten zweifellos das Potential haben, vollkommene Menschen zu werden, gibt es beispielsweise:

- Präimplantationsdiagnostik (PID), bei der im Reagenzglas befruchtete menschliche Eizellen vor dem Einspülen in die Gebärmutter auf genetische Defekte hin untersucht und bei Vorliegen solcher entsorgt werden (vgl. Wir sind besser als Gott, 2001, Geschäft mit der Hoffnung, 2008) und (embryonale)
- Stammzellenforschung, für die befruchtete menschliche Eizellen zerstört werden (vgl. Zellheilung, 2007, Stammwähler und Stammzellen, 2004).

Zur Veranschaulichung der gesellschaftlichen Nichtakzeptanz des Potentialitätsarguments brauchen wir uns aber gar nicht auf ethisch derart vermintes (und faktisch sowie rechtlich sich stets veränderndes) Gelände wie PID und

Stammzellenforschung zu begeben – es genügt ein Blick auf die Abtreibungspraxis: Jedes Jahr lassen wir die Tötung von vielen tausend potentiellen Menschen zu. Schwangerschaftsabbruch wird eben nicht als Mord oder Totschlag betrachtet. Außerdem akzeptieren wir nidationshemmende Empfängnisverhütungsmittel (Spirale und „Pille danach"), also Methoden, die die Einnistung der befruchteten Eizelle in die Gebärmutter und damit ihr Überleben verhindern. (Vgl. Ehmke, 2001, Glotz, 2001)

Der beschriebenen Praxis entspricht die philosophische Grundlagendiskussion über das Potentialitätsargument. Peter Singer (1994, S. 199) ebenso deutlich wie plausibel:

„Es gibt keine Regel, die besagt, daß ein potentielles X denselben Wert oder alle Rechte von X hat. Es gibt viele Beispiele, die gerade das Gegenteil beweisen. Wenn man eine keimende Eichel aus der Erde zieht, dann ist das nicht dasselbe, als wenn man eine Ehrfurcht gebietende Eiche fällt. Wer ein lebendes Huhn in kochendes Wasser wirft, handelt viel schlimmer als jemand, der dasselbe mit einem Ei macht. Prinz Charles ist der potentielle König von England, aber er besitzt nicht die Rechte eines Königs."

In die gleiche Kerbe schlägt Mark Rowlands (2002, S. 48, 73 f.), wenn er zu folgendem Gedankenexperiment einlädt: Angenommen, Sie haben das Potential, britischer Premierminister zu werden. Heißt das, daß Sie die Rechte und Ansprüche des Premierministers haben? Natürlich nicht, bestenfalls heißt es, daß Sie *potentiell* die Rechte und Ansprüche des Premierministers haben. Aber ein potentielles Recht ist de facto gar kein Recht. Ähnlich Paola Cavalieri (2002, S. 45): Potentiell rational zu sein, bedeutet, jetzt nicht rational zu sein.

Schließlich, vielleicht etwas makaber, aber dafür umso plausibler: Das Potential zur Autonomie berechtigt ebensowenig, jemanden als autonom zu behandeln, wie das Potential zu sterben, berechtigt, jemanden wie einen Toten zu behandeln. (Rakowski, 1991, S. 359, zit. n. Wise, 2006, S. 32) Diese Darstellung von Einwänden gegen das Potentialitätsargument ließe sich mühelos fortsetzen. Als diesbezügliche Quellen erwähnt seien noch Joel Feinberg (1986, S. 267, zit. n. Pluhar, 1995, S. 107) und Reinhard Merkel (1995, S. 58).

10. Goldene Regel

Wir sagten: Wenn wir wollen, wissen wir sehr genau, wie Tiere behandelt werden möchten, und vor allem auch, wie sie *nicht* behandelt werden möchten. Jeder, der je mit Tieren engeren Kontakt hatte und auch nur einigermaßen ehrlich zu sich selber ist, wird dies bestätigen können und müssen. Außerdem sei in Erinnerung gerufen bzw. darauf hingewiesen, daß alle Belege für tierliches Erleben, die in dieser Arbeit angeführt wurden, gleichzeitig Belege dafür sind, daß wir (im persönlichen Umgang mit Tieren oder aufgrund wissenschaftlicher Erforschung von Tieren) *Zugang* zum tierlichen Erleben haben. Anderenfalls wären die betreffenden Aussagen ja vollkommen unseriös und unsinnig.

Für eine Vertiefung in diese Thematik sei auf den Abschnitt „Subjektive Ähnlichkeit zwischen Menschen und Tieren" in meinem Buch „Tierrechte" (Kaplan, 2000; momentan, 2014, vergriffen, eine erweiterte Neuauflage erscheint voraussichtlich 2015) verwiesen sowie auf den Abschnitt „Zugang zum tierlichen Erleben" in meinem Buch „Die Ethische Weltformel" (Kaplan, 2003, S. 74 ff.). Eindrucksvolle Belege für das reiche und intensive emotionale Erleben von Tieren und dafür, daß wir, wenn wir wollen, auch Zugang zu diesem Erleben haben, finden sich in Bekoff, 2006a sowie 2006b.

Literatur

Anderson, Elizabeth: *Animal Rights and the Values of Non-human Life.* In: Sunstein, Cass R., Nussbaum, Martha C. (Hg.): Animal Rights. Oxford: Oxford University Press, 2006.

Anstötz, Christoph: *Schwerst geistig behinderte Menschen und die Großen Menschenaffen: Ein Beitrag aus sonderpädagogischer Sicht.* In: Cavalieri, Paola, Singer, Peter (Hg.): Menschenrechte für die Großen Menschenaffen. München: Goldmann Verlag, 1994.

Arzt, Volker, Birmelin, Immanuel: *Haben Tiere ein Bewußtsein?* München: Bertelsmann, 1993.

Bekoff, Marc: *Animal Passions and Beastly Virtues: Cognitive Ethology as the Unifying Science for Understanding the Subjective, Emotional, Empathic, and Moral Lives of Animals*, Zygon, 41, 1 (März 2006a).

Bekoff, Marc: *Minding Animals - An Interview with Marc Bekoff*, The Vegan, Spring 2006b.

Bekoff, Marc: *Das unnötige Leiden der Tiere.* Freiburg: Herder, 2001.

Bentham, Jeremy: *An Introduction to the Principles of Morals and Legislation.* Herausgegeben von J. H. Burns und H. L. A. Hart. London: University of London – The Athlone Press, 1970.

Birnbacher, Dieter: *Analytische Einführung in die Ethik.* Berlin: de Gruyter, 2003.

Birnbacher, Dieter: *Mehrdeutigkeiten im Begriff der Menschenwürde,* Aufklärung und Kritik, Sonderheft 1, 1995.

Blanke, Christa: *Da krähte der Hahn.* Eschbach / Markgräflerland: Verlag am Eschbach, 1995.

Brown, Les: *Cruelty to Animals.* Hampshire: Macmillan Press, 1988.

Budiansky, Stephen: *If a Lion Could Talk – Animal Intelligence and the Evolution of Consciousness.* The Free Press, 1998.

Cavalieri, Paola: *Die Frage nach den Tieren.* Erlangen: Harald Fischer, 2002.

Clark, Stephen R. L.: *The Moral Status of Animals.* Oxford: Clarendon Press, 1977.

Cohen, Carl: *The Case for the Use of Animals in Biomedical Research,* The New England Journal of Medicine, 14 / 315 (1986).

Cohen, Carl: *Haben Tiere Rechte?* In: Interdisziplinäre Arbeitsgemeinschaft Tierethik Heidelberg (Hg.): Tierrechte. Erlangen: Harald Fischer Verlag, 2007.

Darwin, Charles: *Die Abstammung des Menschen.* Stuttgart: Alfred Kröner, 1966.

Das tierfreundliche Kochbuch. Verlag Das Wort, 2004.

Dawkins, Marian Stamp: *Die Entdeckung des tierischen Bewußtseins.* Heidelberg: Spektrum, 1994.

Dombrowski, Daniel A.: *Babies and Beasts: The Argument from Marginal Cases.* Urbana: University of Illinois Press, 1997.

Ehmke, Horst: *Flucht ins Grundsätzliche?*, Der Spiegel, 27, 2001.

Feinberg, Joel: *Abortion.* In: Regan, Tom (Hg.): Matters of Life and Death. New York: Random House, 1986.

Focke, Hermann: *Tierschutz in Deutschland: Etikettenschwindel?! – Der gequälten Kreatur gewidmet.* Verlag Pro Business, 2007.

Francione, Gary L.: *Animals – Property or Persons?* In: Sunstein, Cass R., Nussbaum, Martha C. (Hg.): Animal Rights. Oxford: Oxford University Press, 2006.

Francione, Gary, Regan, Tom: *A Movement´s Means Create Its Ends*, Animals´ Agenda, January / February, 1992.

Frankena, William K: *Analytische Ethik.* München: Deutscher Taschenbuch Verlag, 1972.

Geschäft mit der Hoffnung, Der Spiegel, 22, 2008.

Glotz, Peter: *Die neue Scholastik,* Der Spiegel, 24, 2001.

Gräßer, Erich (Hg.): *Albert Schweitzer – Ehrfurcht vor den Tieren.* München: C. H. Beck, 2006.

Griffin, Donald R.: *Wie Tiere denken: Ein Vorstoß ins Bewußtsein der Tiere.* München: BLV Verlagsgesellschaft, 1985.

Grimm, Dieter: *Aus der Balance,* Die Zeit, 49, 2007.

Hare, R. M.: *Freiheit und Vernunft.* Düsseldorf: Patmos, 1973.

Hoche, Hans-Ulrich: *Die Goldene Regel,* Zeitschrift für Philosophische Forschung, 32, 1978.

Höffe, Otfried: *Goldene Regel.* In: Ders. (Hg.): Lexikon der Ethik. München: Beck, 1986.

Hoerster, Norbert: *Abtreibung im säkularen Staat.* Frankfurt: Suhrkamp, 1991.

Hoerster, Norbert: *Der Mensch soll dem Wolf kein Wolf sein*, Frankfurter Allgemeine Zeitung vom 24. 8. 1992, S. 26.

Kannibalismus vertuscht?, Der Spiegel, 11, 2008.

Kaplan, Helmut F.: *Die Ethische Weltformel.* Neukirch-Egnach: Vegi-Verlag, 2003.

Kaplan, Helmut F.: *Tierrechte.* Göttingen: Echo, 2000.

Kaplan, Helmut F.: *Der Verrat des Menschen an den Tieren.* Neukirch-Egnach: Vegi-Verlag, 2007

Kaplan, Helmut F.: *Warum wir Tiere nicht essen sollen.* In: Ders. (Hg.): Warum ich Vegetarier bin. Reinbek: Rowohlt, 1995.

Kaplan, Helmut F.: *Wozu Ethik?* Bad Nauheim: ASKU-PRESSE, 2001.

Karremann, Manfred: *Sie haben uns behandelt wie Tiere.* Höcker Verlag, 2006.

Kekulé, Alexander S.: *Würde ohne Zweifel*, Die Zeit, 6, 2008.

Kuhse, Helga, Singer, Peter: *Muß dieses Kind am Leben bleiben?* Erlangen: Harald Fischer, 1993.

Leitzmann, Claus: *Vegetarismus.* München: C. H. Beck, 2007.

Lorenz, Konrad: „*Tiere sind Gefühlsmenschen*", Der Spiegel, 47, 1980.

Mackie, John L.: *Ethik.* Stuttgart: Reclam, 1983.

Masson, Jeffrey M.: *Wovon Schafe träumen.* München: Heyne, 2006.

Masson, Jeffrey M., McCarthy, Susan: *Wenn Tiere weinen.* Reinbek: Rowohlt, 1996.

Matsuzawa, Tetsuro: *Chimpanzee Intelligence in Nature and in Captivity: Isomorphism of Symbol Use.* In: McGrew, William C. et al.: Great Ape Societies. Cambridge University Press, 1996.

Matsuzawa, Tetsuro: *Form Perception and visual Acuity in a Chimpanzee,* Folia Primatologia, 55, 1990.

McGinn, Colin: *Editor´s Introduction* zu: Rowlands, Mark: Animals Like Us. London: Verso, 2002.

Merkel, Reinhard: *Ärztliche Entscheidungen über Leben und Tod in der Perinatalmedizin,* Aufklärung und Kritik, Sonderheft 1, 1995.

Miersch, Michael: *Intelligenztest für Bestien,* Die Zeit, 47, 2003.

Müller, Jörg Paul: *Grundrechte in der Schweiz.* Bern: Stämpfli, 1999.

Nozick, Robert: *About Mammals and People,* The New York Times Book Review, 27. 11. 1983.

Nozick, Robert: *Anarchy, State, and Utopia.* New York, 1984.

Ohne Wenn und Aber, Interview mit Hans-Jürgen Papier, Der Spiegel, 3, 2008.

Parham, Vistara: *What's Wrong With Eating Meat?* Corona: PCAP Publications, 1981.

Paterson, David, Ryder, Richard D. (Hg.): *Animals' Rights - a Symposium.* Frontwell: Centaur Press, 1979.

Patzig, Günther: *Der wissenschaftliche Tierversuch unter ethischen Aspekten.* In: Hardegg, W., Preiser, G. (Hg.): Tierversuche und medizinische Ethik. Hildesheim, 1986.

Phelps, Norm: *The Longest Struggle.* New York: Lantern Books, 2007.

Pluhar, Evelyn B.: *Beyond Prejudice.* Durham: Duke University Press, 1995.

Pluhar, Evelyn: *Speciesism: A Form of Bigotry or a Justified View?,* Between the Species, Vol. 4, No. 2, 1988.

Rachels, James: *Created From Animals.* Oxford: Oxford University Press, 1991.

Rachels, James: *Do Animals Have a Right to Life?* In: Miller, Harlan B., Williams, William H. (Hg.): Ethics and Animals. Clifton, N. J.: Humana Press, 1983.

Rachels, James: *Drawing Lines.* In: Sunstein, Cass R., Nussbaum, Martha C. (Hg.): Animal Rights. Oxford: Oxford University Press, 2006.

Rakowski, Eric: *Equal Justice.* Oxford: Oxford University Press, 1991.

Regan, Tom: *Animals Are Not Our Tasters; We Are Not Their Kings.* In: Ders.: The Struggle for Animal Rights. Clarks Summit: International Society for Animal Rights, 1987.

Regan, Tom: *The Case for Animal Rights.* London: Routledge & Kegan Paul, 1984.

Regan, Tom: *Die Tierrechtsdebatte.* In: Interdisziplinäre Arbeitsgemeinschaft Tierethik Heidelberg (Hg.): Tierrechte.

Erlangen: Harald Fischer Verlag, 2007.

Ricken, Friedo: *Allgemeine Ethik.* Stuttgart: Kohlhammer, 2003.

Rippe, Klaus Peter: *Die Diskussion um den moralischen Status von Tieren,* Ethica, 2 (1994) 2, S. 131-153.

Risi, Armin, Zürrer, Ronald: *Vegetarisch leben.* Govinda / Mare-Versand, 2006.

Robbins, John: *Food Revolution.* Nietsch Verlag, 2003.

Röcklinsberg, Helena: *Das seufzende Schwein – Zur Theorie und Praxis in deutschen Modellen zur Tierethik.* Erlangen: Harald Fischer, 2001.

Rollin, Bernard E.: *Animal Rights and Human Morality.* Buffalo, New York: Promtheus Books, 1981.

Rollin, Bernard E.: *Der Aufstieg der Menschenaffen: Erweiterung der moralischen Gemeinschaft.* In: Cavalieri, Paola, Singer, Peter (Hg.): Menschenrechte für die Großen Menschenaffen. München: Goldmann, 1994.

Romanes, George John: *Mental Evolution in Animals.* New York: Appleton, 1884.

Romanes, George John: *Animal Intelligence.* Trench, London: Kegan Paul, 1898.

Rowlands, Mark: *Animals Like Us.* London: Verso, 2002.

Ryder, Richard D.: *Animal Revolution.* Oxford: Basil Blackwell, 1989.

Ryder, Richard D.: *An Autobiography*, Between the Species, Vol. 8, No. 3 (Sommer 1992).

Sapontzis, Steve F.: *Morals, Reason, and Animals.* Philadelphia: Temple University Press, 1987.

Schweitzer, Albert: *Gesammelte Werke in fünf Bänden.* Band I. München: C. H. Beck, o. J.

Singer, Marcus G.: *Verallgemeinerung in der Ethik.* Frankfurt: Suhrkamp, 1975.

Singer, Peter: *Animal Liberation. Die Befreiung der Tiere.* Reinbek: Rowohlt, 1996a.

Singer, Peter: *A Comment on the Animal Rights Debate*, International Journal of Applied Philosophy, 1, 1983.

Singer, Peter: *Ethics and the New Animal Liberation Movement.* In: Ders. (Hg.): In Defence of Animals. Oxford: Basil Blackwell, 1985.

Singer, Peter: *Is Racial Discrimination Arbitrary?,* Philosophia, 8, 1978.

Singer, Peter: *Je mehr wir für andere leben, desto zufriedener leben wir,* Aufklärung und Kritik, Sonderheft 1, 1995.

Singer, Peter: *Praktische Ethik.* Stuttgart: Reclam, 1994.

Singer, Peter: *Wie sollen wir leben?* Erlangen: Harald Fischer, 1996b.

Spiegel, Marjorie: *The Dreaded Comparison – Human and Animal Slavery.* London: Heretic Books, 1988.

Stammwähler und Stammzellen, Profil, 37, 2004.

Stolzenberg, Günther: *Weltwunder Vegetarismus.* München: Verlag Johann Herp, o. J.

Stutzin, Godofredo: *Es war einmal eine schöne Welt …* Santiago-Chile: Talleres Gráficos Claus von Plate, 1992.

Teutsch, Gotthard M. (Hg.): *Da Tiere eine Seele haben …* Stuttgart: Kreuz Verlag, 1987a.

Teutsch, Gotthard M.: *Mensch und Tier.* Göttingen: Vandenhoeck und Ruprecht, 1987b.

Tiedemann, Paul: *Was ist Menschenwürde?* Darmstadt: Wissenschaftliche Buchgesellschaft, 2006.

Tiuschka, Bohdan O.: *Der moralische Status von Tieren.* Dissertation. Universität Innsbruck, 1998.

Tomasello, Michael, Call, Josep: *Primate Cognition V.* Oxford University Press, 1997.

Verein Aktion Welttierschutztag (Hg.): Welttierschutztag 4. Oktober 2006. Spiringen (Schweiz), 2006.

Waal, Frans de: *Der gute Affe.* München: Hanser 1997.

Wir leisten Widerstand, Interview mit Wolfgang Huber, Der Spiegel, 18, 2006.

Wir sind besser als Gott, Der Spiegel, 20, 2001.

Wise, Steven M.: *Animal Rights, One Step at a Time.* In: Sunstein, Cass R., Nussbaum, Martha C. (Hg.): Animal Rights. Oxford: Oxford University Press, 2006.

Wise, Steven M.: *Rattling the Cage.* London: Profile Books, 2001.

Wolf, Jean-Claude: *Ist Ehrfurcht vor dem Leben ein brauchbares Moralprinzip?,* Freiburger Zeitschrift für Philosophie und Theologie, 40, 1993a.

Wolf, Jean-Claude: *Neuerscheinungen zur Tierethik,* Philosophische Rundschau, 40 (1993b).

Wolf, Jean-Claude: *Tierethik.* Freiburg (Schweiz): Paulusverlag, 1992.

Wolf, Ursula: *Das Tier in der Moral.* Frankfurt: Klostermann, 1990.

Zellheilung, Profil, 29, 2007.

Anhang

Menschen abholen, wo sie sind

Die eleganteste Methode, Menschen zu moralischem Handeln zu bewegen, ist wohl, sie dort abzuholen, wo sie sich moralisch bereits befinden, also ihre *vorhandenen* oder *behaupteten* moralischen Überzeugungen ernstzunehmen. Wenn man dann zeigen kann, daß ihre moralischen Positionen zwingende Konsequenzen haben, die sie bis jetzt nicht gesehen haben, dann kann dies zumindest mittelfristig eine recht wirksame Strategie sein. Denn wer will sich schon – gerade in moralischen Fragen – einen Widerspruch zwischen Reden und Handeln vorwerfen lassen! Dazu drei Beispiele:

Du würdest doch auch deinen Hund oder deine Katze nicht umbringen und aufessen, oder? Warum dann aber Hasen und Schweine! Wo ist der Unterschied?

Angenommen, uns überlegene Außerirdische kämen auf die Welt und behandelten uns so, wie wir Tiere behandeln: Fändest du das moralisch in Ordnung? Wenn nicht: Warum soll es dann moralisch in Ordnung sein, daß wir Tiere so behandeln?

Wir akzeptieren doch sonst nirgends das sogenannte „Recht des Stärkeren" als moralische Richtschnur. Warum soll es dann im Umgang mit Tieren als moralische Richtschnur taugen?

Meist sind wir allerdings mit folgender Situation konfrontiert: Wir treffen bei den Menschen auf moralische Positionen, die sich bei näherer Betrachtung als sachlich oder argumentativ fehlerhaft, in sich widersprüchlich oder moralisch fragwürdig erweisen. Dazu folgende Beispiele:

Tiere zu töten ist unvermeidlich

Oft begegnet man folgendem Generaleinwand gegen „übertriebenen Tierschutz" im allgmeinen und gegen die Forderung nach einer vegetarischen Lebensweise im besonderen: Tieren zu schaden, ja, Tiere zu töten, sei schlicht unausweichlich für den Menschen – wenn er denn überleben wolle. Schon beim Spazierengehen und Atmen töteten wir, ob wir das wollten oder nicht, kleine und kleinste Lebewesen.

Diese Position ist tatsächlich um nichts weniger absurd, als zu sagen: Es gibt so schrecklich viele leidende Menschen auf der Welt, denen ich nicht helfen kann, deshalb helfe ich gleich auch denen nicht, denen ich helfen könnte. Moralisch vorzuwerfen ist jemandem selbstverständlich nicht, was er nicht kann, sondern was er könnte, aber dennoch nicht tut!

Unser Umgang mit Tieren ist moralisch unbedenklich, weil er dem „Recht des Stärkeren" entspricht

Vorangestellt sei ein Wort Rainer Maria Rilkes: „Wenn der Mensch doch aufhörte, sich auf die Grausamkeit der Natur zu berufen, um seine eigene zu entschuldigen!" (Zit. n. Teutsch, 1987a, S. 163) Unser Umgang mit Tieren im allgemeinen und unser Essen von Tieren im besonderen wird oft mit dem Hinweis gerechtfertigt: Fressen und Gefressenwerden – so funktioniere die Natur nun einmal. Und da auch der Mensch Teil dieser Natur sei, esse er eben die schwächeren bzw. ihm unterlegenen Tiere und nütze sie auch sonst für seine Zwecke.

Bei näherer Betrachtung erweist sich diese Position freilich als alles andere als überzeugend: Da gibt es zunächst einmal einen bemerkenswerten Widerspruch: Ausgerechnet diejenigen, die ansonsten immer die *Unähnlichkeit* von Menschen und Tieren betonen („Krone der Schöpfung", „Gottesebenbildlichkeit", „Vernunftbegabtheit", „unsterbliche Seele" usw.), beziehen sich hier auf einmal auf eine angebliche *Ähnlichkeit* von Menschen und Tieren: Wir, Menschen und Tiere, seien alle Teil der Natur und da herrschten nun einmal solche „Naturgesetze".

Aber gerade in bezug auf das Fleischessen gibt es eben *keine* Ähnlichkeit zwischen Menschen und Tieren: (Fleischfressende) Tiere müssen Fleisch fressen, wir nicht. Wir haben eine Wahlmöglichkeit, (diese) Tiere nicht. Hinzu kommt noch eine spezielle Absurdität: Dieses Fressen-und-gefressen-werden-Argument wird häufig auch in bezug auf Tiere (z. B. Kühe) verwendet, die selbst gar keine anderen Tiere fressen!

Die entscheidende Schwäche des Verweises auf das „Recht des Stärkeren" ergibt sich aber aus folgendem: Selbst wenn wir das „Recht des Stärkeren" als quasi natürliches Prinzip akzeptieren, folgt daraus weder, daß wir psychologisch gezwungen sind, ihm zu gehorchen, noch, daß dieses Prinzip für uns moralisch bindend ist.

Denn würde aus der „Natürlichkeit" des „Rechts des Stärkeren" eine psychologische Notwendigkeit, ihm zu gehorchen, folgen, wäre es auch sinnlos, sich für den Frieden zu engagieren – weil Kriegführen zweifellos auch „natürlich" ist und damit ebenfalls psychologisch unausweichlich wäre. Und würde aus der „Natürlichkeit" des „Rechts des Stärkeren" seine moralische Richtigkeit folgen, dann dürften wir auch Armut, Krankheit, Behinderungen und Katastrophen nicht bekämpfen, wenn sie eine „natürliche" Ursache haben. (Zum „Recht des Stärkeren" vgl. auch Teutsch, 1987b, S. 133–135, 148–150; Regan 1987, S. 92; Rollin, 1981, S. 7–9, 63.)

Fleischessen ist moralisch unbedenklich, weil der Mensch „schon immer" Fleisch gegessen hat

Nicht selten hört man Menschen vollkommen entgeistert sagen: Seit urdenklichen Zeiten, ja seit der Steinzeit, ißt der Mensch Fleisch. Warum um alles in der Welt soll das heute auf einmal moralisch falsch sein?

Nun erhebt sich zunächst einmal die Frage, ob es wirklich sinnvoll ist, sich ausgerechnet in moralischen Fragen auf die Steinzeit zu berufen. Vor allem aber: Nur weil etwas alt ist, ist es noch lange nicht erhaltungswürdig. Die Sklaverei hatte auch eine lange Tradition!

Etwas Schlechtes wird nicht dadurch besser, daß es lange dauert. Kultur besteht – siehe Sklaverei, Rassismus, Menschenopfer, Gladiatorenkämpfe usw. – nicht darin, unkritisch am Alten festzuhalten, sondern im Gegenteil darin, immer kritisch zu prüfen, ob das Überlieferte nicht längst überholt ist.

Fleischessen ist moralisch unbedenklich, weil es gesetzlich erlaubt ist

Gelegentlich wird moralische Kritik am Fleischessen mit dem Hinweis zurückgewiesen, daß es mit dem Aufziehen und Töten von Tieren zwecks Fleischproduktion für den Menschen schon seine Richtigkeit haben werde, weil es andernfalls doch verboten wäre.

Um sich darüber klar zu werden, daß gesetzliche Legitimität und moralische Legitimität keineswegs notwendig zusammenfallen, braucht man sich nur in Erinnerung zu rufen, daß auch die Sklaverei einmal gesetzlich erlaubt war. Wer Sklaven versteckte oder ihnen zur Flucht verhalf, verstieß gegen das Gesetz.

(An dieser Stelle sei an die geradezu unheimlichen Parallelen zwischen der Sklaverei und unserem heutigen Umgang mit Tieren erinnert. Siehe dazu zum Beispiel Stutzin, 1992, S. 15 f., Blanke, 1995, S. 25 ff., Wise, 2006, sowie vor allem Spiegel, 1988.)

Fleischessen ist moralisch unbedenklich, weil es gesund ist

Oft hört man, die Frage, ob es moralisch in Ordnung sei, Fleisch zu essen, stelle sich doch gar nicht, weil Fleisch zu essen schlicht zu einer gesunden Ernährung gehöre. Nun, abgesehen davon, daß diese Behauptung sachlich falsch ist (man lebt umso gesünder, je weniger Fleisch man ißt – siehe z. B. Robbins, 2003, Risi / Zürrer, 2006, Leitzmann, 2007, Das tierfreundliche Kochbuch, 2004), beruht diese Argumentation auf einem grundlegenden Fehler: Sie unterläßt die unverzichtbare Unterscheidung zwischen gesundheitlicher bzw. medizinischer Ebene einerseits und ethischer Ebene andererseits.

In anderen Bereichen kämen wir nicht im Traum auf die Idee, diese Unterscheidung zu unterlassen. Wir sind uns völlig darüber im klaren, daß, nur weil etwas medizinisch nützlich ist, es deshalb noch lange nicht moralisch zulässig sein muß:

- Sollte sich herausstellen, daß das Essen von kleinen Kindern ausgesprochen gesund wäre, bliebe es selbstverständlich dennoch moralisch verwerflich.
- Menschenversuche wären medizinisch sicherlich nützlich, dennoch fiele es niemandem ein, sie damit zu rechtfertigen, geschweige denn, sie zu fordern.

Nicht anders verhält es sich mit dem Essen von Tieren: Selbst wenn es gesund wäre, bedeutete dies noch lange keine ethische Rechtfertigung, es auch zu tun.

Mein Verhalten als Einzelperson fällt nicht ins Gewicht

Zuweilen beantworten Menschen die Aufforderung, Vegetarier zu werden, mit dem Hinweis: Ich als einzelner kann ja sowieso nichts bewirken, wenn ich aufhörte, Fleisch zu essen, würde sich insgesamt doch gar nichts ändern. Mein Verhalten fällt nicht ins Gewicht.

Nun, es werden auf der Welt auch täglich Tausende von Menschen umgebracht. Es fiele also auch nicht ins Gewicht, wenn ich auch noch jemanden umbringen würde. Dennoch denken und handeln wir nicht so. Und zwar – hoffentlich! – nicht nur, weil uns das mit dem Gesetz in Konflikt brächte, sondern vor allem auch aus moralischer Überzeugung.

Außerdem: Die Fleischindustrie ist ja keineswegs der einzige Bereich, in dem Dinge, die wir verurteilen (soferne wir Fleischessen verurteilen), geschehen, ohne daß wir sie durch eigenes Handeln direkt beeinflussen können. Beim Wettrüsten oder beim Führen von Kriegen war und ist das nicht anders: Keine Einzelperson (außer ein sehr einfluß-reicher Politiker) kann als Individuum einen Krieg verhindern oder einen Krieg beenden.

Was machen Menschen in solchen Fällen? Sie gehen auf die Straße, sie demonstrieren. Kein Fleisch mehr zu essen, ist auch eine Art Demonstration: Wir demonstrieren damit, daß wir es falsch finden, Tiere für so banale Zwecke wie unsere Geschmacksvorlieben leiden und sterben zu lassen.

Mehr noch: Kein Fleisch zu essen, ist hier sogar die einzig glaubwürdige und damit erfolgversprechende Demonstration (bzw. die notwendige Voraussetzung für erfolgversprechende Maßnahmen): Kein Mensch kann einen anderen von der Richtigkeit einer Sache überzeugen, die er selbst nicht praktiziert.

Und keine der großen Bewegungen gegen Unrecht und Unterdrückung wären je entstanden, geschweige denn erfolgreich gewesen, hätten sich deren Vertreter erst dann engagiert, als sie sich des Erfolges schon sicher waren. (Vgl. Singer, 1996a, S. 265)

Fleischessen verbieten zu wollen, zeugt von Intoleranz

Häufig reagieren Fleischesser, die von Vegetariern wegen ihres Fleischessens angegriffen werden, mit der Aufforderung an die Vegetarier, diese sollten doch bitte ihrerseits so tolerant sein, wie es die Fleischesser gegenüber Vegetariern seien. Fleischesser würden schließlich Vegetariern auch nicht vorschreiben, was sie essen sollten.

Leider übersehen die Fleischesser hier einen entscheidenden Unterschied: Fleischesser leben auf Kosten von leidensfähigen Wesen, die für sie – in aller Regel äußerst grausam – umgebracht werden. Toleranz gegenüber Fleischessern zu fordern, heißt also, das Ignorieren des Leidens ihrer Opfer zu fordern.

Unser Umgang mit Tieren ist moralisch unbedenklich, weil Tiere ganz anders sind als Menschen

Die Forderung, auch Tiere gemäß moralischer Grundsätze zu behandeln, wird häufig ausdrücklich oder unterschwellig mit dem Hinweis auf die großen Unterschiede zwischen Tieren und Menschen zurückgewiesen.

Nun gibt es zwischen Tieren und Menschen in der Tat zum Teil erhebliche Unterschiede. Wenngleich alle Aussagen über *die* Unterschiede zwischen Tieren und Menschen angesichts der großen Bandbreite tierlicher – und menschlicher! – Eigenschaften und Fähigkeiten unsinnig sind.

Womit wir auch schon beim springenden Punkt sind: Auch zwischen den Menschen untereinander gibt es große Unterschiede. Man denke etwa an die mathematische Begabung eines Einstein oder an die musikalische Begabung eines Beethoven und vergleiche diese mit dem „Geistesleben" seiner Mitmenschen!

Worauf es auf moralischer Ebene aber ankommt, sind nicht diese faktischen Unterschiede, sondern die ethischen Konsequenzen, die wir aus ihnen ziehen. Und da sagen wir eben *nicht*: „Du bist schlecht in Mathematik, also verspeisen wir dich" oder „Du bist schlecht in Musik, also machen wir mit dir grausame Experimente".

Exakt dieser „Logik" folgen wir aber im Umgang mit Tieren: Ihre geringeren oder fehlenden Fähigkeiten auf bestimmten Gebieten (wobei wir noch dazu gerne menschliche Spitzenleistungen zum Maßstab nehmen) müssen als Rechtfertigung für Praktiken herhalten, bei denen diese Fähigkeiten überhaupt keine Rolle spielen: Tieren in Tierfabriken, Versuchslabors usw. geht es dort ja nicht deshalb schlecht, weil sie beispielsweise nicht so gut im Rechnen oder Singen sind, sondern weil sie leidensfähig sind!

Bernard E. Rollin (1994, S. 317 f.) verweist auf eine wichtige (psychologische) Grundlage der Strategie, die Menschen da abzuholen, wo sie sich befinden: Sokrates sei der Überzeugung gewesen, daß derjenige, der einem anderen eine moralische Position vermitteln wolle, ihn an etwas erinnern müsse, was bereits in ihm schlummere, ihm aber nicht (mehr) bewußt sei. Dieser Gedanke sei, so Rollin, Ausdruck der Einsicht, daß moralische Fortschritte nur auf der Grundlage von bereits Vorhandenem möglich sind.

Der beste Weg, moralische Vorstellungen zu wecken, sei, den Menschen zu zeigen, daß die entsprechenden Ideen im Grunde Folgen von Ideen sind, die sie bereits akzeptieren. „Mit anderen Worten, ich kann andere veranlassen, meine Ideen zu akzeptieren, wenn ich ihnen zeige, daß es eigentlich ihre Ideen sind oder zumindest unausweichliche logische Ableitungen von Ideen, die für sie eine Selbstverständlichkeit sind."

Auch folgende Erwägung spricht für die Strategie, die Menschen da abzuholen, wo sie sich befinden, wobei es hier vorrangig um die Tatsache geht, daß sich die Menschen an *unterschiedlichen* Stellen befinden – sowohl als Individuen zu verschiedenen Zeiten (Menschen orientieren sich meist an mehreren moralischen Maximen) als auch insgesamt (unterschiedliche Menschen orientieren sich an unterschiedlichen Auswahlen von moralischen Maximen):

So wenig es die eine einheitliche, beispielsweise utilitaristische oder Rechte-zentrierte Ethik gibt, so wenig sind auch die moralischen Prinzipien und Intuitionen der Menschen – um beim gleichen Beispiel zu bleiben – entweder rein utilitaristisch oder rein Rechte-zentriert. Insofern entspricht die Strategie, die Menschen da abzuholen, wo sie sich befinden, also mit mehreren moralischen Einzelkonzepten zu arbeiten, eher der „moralischen Lebenswirklichkeit" als die großen theoretisch einheitlichen Ethiken.

Außerdem ist so ein „Stückwerk-Ansatz" – Steve F. Sapontzis (1987, S. XI) spricht treffend von einem „bits and pieces"-Ansatz – wohl auch ehrlicher und realistischer als es die „großen Würfe" sind, weil er weniger die Gefahr in sich birgt, auf Biegen und Brechen alles, sprich alle möglichen moralischen Problemkonstellationen lösen zu wollen.

Aufrichtige und ausdauernde Bemühungen, auch besonders ausgefallene oder schwierige Situationen ethisch in den Griff zu bekommen, lassen es wahrscheinlich erscheinen, daß wir uns damit abfinden müssen, daß es für bestimmte Probleme schlicht keine befriedigende bzw. überzeugende Lösung gibt. Und zwar unabhängig davon, von welchem „ethischen Eck" aus man seine Überlegungen anstellt und unabhängig davon, in welchem Maße man seine Ethik theoretisch hochrüstet – nicht selten bis zur völligen Unverständlichkeit. Oft sieht man förmlich, wie der ethische Häuslebauer nervös um sein baufälliges Objekt geht, um an dieser und jener Stelle eine weitere wackelige Hilfskonstruktion anzubringen – ohne zu bemerken, daß er sein Bauwerk damit zwar vielleicht vor dem Einsturz bewahren kann, es aber mittlerweile längst unverkäuflich geworden ist.

Über den Autor

Helmut F. Kaplan, geboren 1952 in Salzburg, ist Philosoph und Autor. Seine Arbeit hat wesentlich zur Einführung der neueren Tierethik bzw. der Tierrechtsphilosophie in den deutschen Sprachraum beigetragen. Sein Buch „Leichenschmaus: Ethische Gründe für eine vegetarische Ernährung" gilt als wichtigstes deutschsprachiges Tierrechtsbuch. Zuletzt erschien von ihm „Vegan soll keine Religion sein: Für eine realistische Ethik".

Neuere Bücher von Helmut F. Kaplan (ab 2007)

Der Verrat des Menschen an den Tieren. Vegi-Verlag, 2007.

Freude, schöner Götterfunken: Glück zwischen Schmerz und Tod. Books on Demand, 2007.

Leichenschmaus: Ethische Gründe für eine vegetarische Ernährung. Vierte, aktualisierte Neuauflage. Books on Demand, 2011.

Digitale Höllenfahrt: Zum Katastrophenpotential virtueller Kommunikation. Books on Demand, 2012.

Leben, Lieben, Leiden: Aphorismen. Zweite, erweiterte Neuauflage. Books on Demand, 2012.

Tierrechte: Modetrend oder Moralfortschritt? Books on Demand, 2012.

Schopenhauers Pudel: Warum unsere Liebesobjekte austauschbar sind. Books on Demand, 2013.